AF282825

Entre líneas,
reflejos de un tiempo convulso

JUAN ANTONIO VALERO CASADO

la ueca
editorial

©Juan Antonio Valero Casado - *Entre líneas, reflejos de un tiempo convulso*

© Editorial La Rueca

www.editoriallarueca.com

Primera edición: diciembre 2025

ISBN: 979-13-87525-14-9

Depósito Legal: M-28278-2024

La reproducción total o parcial de este libro no autorizada vulnera derechos reservados. Cualquier utilización debe ser preferentemente concertada.

Impreso en España - UNIÓN EUROPEA

A mi yo, que navega en las palabras buscando la esencia de mis sueños.

ÍNDICE

Liber amicorum magister est.

"El libro es el maestro de los amigos"

Plinio el Joven. Escritor y científico de la antigua Roma (61-112 d.C.) .

PRÓLOGO

Me ha pedido Juan Antonio que haga el prólogo del libro que el lector tiene en sus manos. Como se decía en el soneto encargado por Violante, "En mi vida me he visto en tal aprieto". Es verdad que uno, a lo largo de la vida, ha hecho presentaciones y prólogos, pero siempre sobre trabajos técnicos. La complejidad del propio libro no facilita mucho las cosas, pero se va a intentar.

¿El prólogo de un libro? Casi nada. Decía Borges que "De los diversos instrumentos del hombre, el más asombroso es el libro". Citaba a continuación instrumentos que no son más que extensiones de los propios sentidos y del cuerpo, y añadía "... Pero el libro es otra cosa: el libro es una extensión de la memoria y de la imaginación". Y, claro, hacer un exordio sobre algo tan complejo es muy difícil.

Desde hace muchos años tengo el privilegio de recibir los diversos escritos y artículos que escribe Juan Antonio y que le publica la prensa. El origen de ello fue compartir con él todo un curso escolar, hace ya más de treinta años. A pesar del tiempo, y de los escasos encuentros personales, hemos mantenido una correspondencia que, por su parte, tenía un punto de interés creciente, que no se ha roto a pesar de los años transcurridos. La razón estriba en... la literatura, en el gozo de leer, en la identificación que sentía con los materiales que me mandaba. Y aquí estamos, en la puerta del nuevo libro, en el descanso de una etapa que, hago votos por ello, tendrá continuidad. El autor es un castellano viejo, y tal vez por eso, sea capaz de escribir con un estilo que recuerda a otro paisano suyo (Delibes): escritura tersa, lenguaje llano, argumentos bien encadenados. Decía Ortega que "O se hace literatura, o se hace concisión, o se calla uno". Y como castellano viejo y franco no hace concisión ni tiene por qué callarse. Por eso opta por la literatura.

Digo "literatura" y digo bien. Lo que se lee en este libro es literatura. Fernando Savater la explicaba así: "Pero ante todo, la literatura -tanto para el niño como para el adulto, tanto escrita como oral o dibujada o filmada- es cultura, es decir, promoción, reforzamiento y garantía de la vida en tanto humana. Da lo mismo que ganemos por ella tal o cual conocimiento, tal o cual destreza: lo importante es que por medio de la ficción se asienta y crece el alma. Y sin alma de nada sirven conocimientos ni destrezas: miremos, sin complacencia ni desesperación a nuestro alrededor." La literatura nos hace mejores y eleva la vida algo más allá de lo que alcanzaría si ella no existiese. Pessoa definía esto muy bien: "La literatura, como el arte en general, es la demostración de que la vida no basta". El autor produce literatura, pero ella no es algo que fluya sin más o que no esté influida por unos antecedentes y un marco conceptual. Veamos un poco el de nuestro amigo.

Juan Antonio ha sido docente. En el campo de la formación la literatura siempre ha jugado un papel clave. Decía uno de los grandes de la Psicología Evolutiva y del Aprendizaje, Bruner, que a las ciencias sociales, la historia y la literatura, que cuidan de la educación humanística, "...se les podría llamar el Presente, el Pasado y lo Posible del Ser Humano, las tres grandes Pes". Tal vez muchos de los escritos que contiene el libro tienen su fuente en una extensión de esta visión de la literatura. Cuando se lee el mismo, y especialmente algunos de sus artículos, se vislumbra lo que el devenir humano podría haber sido, lo que es y lo que podría ser.

Tanto el autor como yo nacimos en la década de los años cuarenta del siglo pasado. Ello nos ha dado algo bastante insólito: tener más años de experiencia que de vida. ¿Cómo es esto posible? Me explico. Los que vivimos nuestra infancia en la década de los cincuenta conocimos una España que no había cambiado apenas respecto a los años veinte y treinta. En mi experiencia personal, he vivido en pequeños y apartados pueblos manchegos en los que no había alcantarillado ni agua corriente. Muchas casas no tenían luz eléctrica, por lo que se alumbraban con candiles, carburos o velas. Las calles eran todas de tierra, sin aceras, y con un alumbrado muy precario. Ello creaba en nosotros un ambiente que inducía al miedo: apariciones, fantasmas, duendes, etc. No había dentista, sino sacamuelas, que utilizaba como anestesia el coñac (entonces se podía llamar así). La mayor parte de los niños, especialmente las niñas, no iban al colegio, y la tasa de analfabetismo era tremenda. ¿A dónde quiero ir a parar con esta explicación? Pues a que no es lo mismo escribir con las anteriores referencias que hacerlo sin ellas. Muchos juicios de los que hoy se emiten, u opiniones sentenciadoras, no tendrían lugar si hubiera sido más amplio el abanico temporal de las experiencias. Todo eso lo ha vivido nuestro autor, y todo ello ha pesado y calibrado el contenido de sus artículos.

Dijo Don Quijote al escuchar lo que había dicho el mono adivino de Maese Pedro: "Ahora digo que el que lee mucho y anda mucho ve mucho y sabe mucho". Esta afirmación encaja muy bien con Juan Antonio. Es un gran lector y es un gran viajero. Ambas cosas dan al autor una amplia perspectiva para juzgar lo que se ve y ponderarlo en su justa medida. Sus referentes evitan que aparezcan en sus escritos visiones paletas o simplezas disfrazadas de grandes verdades. Un paleto es lo contrario de nuestro amigo: es una persona poco viajada y poco leída, y que por ello se desenvuelve en un mundo estrecho y tiene un repertorio de ideas y de pensamientos más llenos de prejuicios y de lugares comunes que de sabiduría. Así, a la experiencia vivida se añade la que aporta la lectura (la conexión con lo mejor del pasado y del presente) y la que aportan los viajes (nuevas perspectivas, paisajes, modos de vivir, de actitudes ante la vida). Ha viajado y ha vivido. Muy joven, y por razones familiares, nuestro autor añadió un vector experiencial nuevo, pues vivió en Marruecos, Guinea Ecuatorial y el Sáhara español de sus respectivas independencias (véase en este libro el artículo"Atardecer en Bata, el susurro del océano").

Otro rasgo a destacar es su amor por la precisión y por la exactitud (si es que esta fuera posible). Para conseguir lo anterior se documenta, indaga, busca y aporta las fuentes necesarias de las que se surte lo que él escribe. Esta afirmación se constata especialmente cuando escribe sobre los diversos problemas que afectan al devenir de nuestro mundo. Así se muestra en artículos como "Palestina e Israel. Una historia interminable" o "Fronteras abiertas, corazones cerrados: el dilema migratorio."

En definitiva, tenemos un libro hijo de un espíritu humanista, y, como tal, poseedor de una gran cultura. Y ser culto y hacer cultura es algo parecido a lo que señaló Chejov:

"El hombre que inventó la máquina de vapor hizo más por el bien de la humanidad que si hubiera renunciado a comer carne o a ejercer la castidad". Tal vez la definición que mejor relaciona la cultura con todo lo demás es la de Karl Popper, que decía: "Hay tres mundos. El mundo 1 está compuesto por los objetos físicos, el 2 por los acontecimientos mentales, y el 3 por el resultado de estos acontecimientos –ideas, teorías, creencias, la cultura en suma- que pueden influir en el mundo 1, dirigiendo la creación de objetos, y en el mundo 2, dirigiendo la producción mental." El libro se mueve en el ámbito general de la cultura, pero sin ocultar la impronta de quien lo ha escrito.

Finalmente quiero hacer mención específica a los artículos que nacen de las vivencias y los recuerdos del autor. A mí, particularmente, son los que más me han impresionado. Son muy evocadores y provocan múltiples connotaciones. Los escritos sobre la Navidad, el otoño, el día de los difuntos, etc., despiertan en mí muchos aspectos de mi pasado, me hacen representar situaciones, escenas, paisajes, aromas, que están escondidas en mi mente, y que no siempre encuentran el acicate para manifestarse y volver a surgir. Las descripciones que contienen vienen a ser la trampilla que se abre y por la que se cuelan tantos y tantos recuerdos que estaban esperando esta oportunidad.

Termino ya recordando lo escrito por un gran intelectual español, como es César Antonio Molina. Distingue la esencia del accidente, lo necesario de lo contingente: "Internet facilita enormemente el acceso a la información, pero el acceso al conocimiento aún tiene que alcanzarse a través de los usos y costumbres de siempre. Leer con concentración, atención y en silencio no es algo arcaico y prescindible, se haga a través del soporte de los últimos quinientos años, o de las pantallas más revolucionarias. (…) La cultura y el conocimiento siempre se obtendrán estudiando: es decir, leyendo, entendiendo y comprendiendo, venga del soporte que venga".

Este libro es un gran instrumento que sirve a esta filosofía.

JAIME MARTÍNEZ MONTERO.

Inspector de Educación, Doctor en Filosofía y Ciencias de la Educación y Creador de Método matemático ABN.

Cádiz, diciembre 2024.

INTRODUCCIÓN

En un mundo en constante cambio, donde las certezas se desvanecen y las preguntas se multiplican, surge la necesidad de detenernos y reflexionar sobre nuestra existencia, nuestras relaciones y el entorno que nos rodea. Este libro, *Entre líneas, reflejos de un tiempo convulso,* es una compilación de artículos que he escrito con pasión y rigor, que os invita a emprender un viaje a través de los temas más diversos y profundos, desde la identidad y la consciencia hasta las complejas dinámicas políticas y sociales que moldean nuestro presente.

Cada artículo es una ventana abierta a la mente que pretende servir de guía por un recorrido que abarca desde lo íntimo y personal hasta lo global y colectivo. Así, en *Día de Difuntos, y Hablemos de la muerte, un viaje sin retorno a las estrellas",* abordo la inevitable realidad de la muerte, invitándoos a contemplarla no como un final, sino como una transición hacia lo desconocido. Este enfoque filosófico y casi poético lo entrelazo con artículos como *"Identidad, procesos y conocimiento"* y *"Conócete a ti mismo",* donde exploro las profundidades del ser y la búsqueda de la autenticidad.

En la obra también abordo las relaciones humanas y las complejidades que estas conllevan. Lo hago en Las complejas relaciones con los demás, donde pretendo desentrañar los hilos invisibles que nos conectan y nos separan, mientras que en *"Navidad, recuerdos de unos pasados tiempos"*, intento transportaros a momentos de nostalgia y reflexión sobre el pasado y su impacto en nuestro presente.

En el libro, no rehúyo los temas controvertidos y de actualidad. De hecho, en artículos como *"Así entiende Los EE.UU la democracia, la libertad de prensa y la justicia"* y *"China, en busca de la hegemonía mundial sin prisa, pero sin pausa"*, ofrezco una mirada crítica y fundamentada sobre las dinámicas de poder y las tensiones geopolíticas que definen nuestro tiempo. Estos artículos se complementan con reflexiones sobre la ética y la política que hago en otros, como en *"La ética política en juego, el poder a toda costa"* y *Ley de Amnistía ¿legal y legítima o ruptura constitucional?*, en donde cuestiono las decisiones y acciones de los líderes políticos y sus repercusiones en la sociedad.

La tecnología y su impacto en nuestras vidas también tienen un lugar destacado en esta compilación realizada. Así en *IA, un futuro inquietante e Hipótesis de la simulación y el desafío de la normalidad,* os invito a reflexionar sobre el avance imparable de la inteligencia artificial y las implicaciones éticas y existenciales que conlleva.

No olvido la importancia de la memoria y el recuerdo. Dos aspectos que trato en *"Mi prodigiosa máquina del tiempo"* y en *Enigmas de nuestra memoria*, en los que exploro los misterios de la mente humana y la manera en que construimos y reconstruimos nuestras experiencias pasadas. Y estos temas, asimismo, los entrelazo con relatos más personales y evocadores, como *"Relato: Días de verano"* y *"Relato: Atardecer en Bata, el susurro del océano,* donde la prosa utilizada procuro que se convierta en un vehículo para la introspección y la conexión emocional.

Finalmente, indicar que en el libro intento también ofrecer una visión crítica y comprometida de los conflictos y las injusticias que persisten en el mundo. En artículos como *Palestina e Israel, una historia interminable y Gaza. Apartheid Existencial, ocupación y realidad,* y otros más abordo las tragedias humanas y las luchas por la justicia y la dignidad. Estos escritos, junto con otros como *Democracia vs. Censura. Assange y González, dos periodistas silenciados* y *El terror de los 'buscas' y 'walkie talkies' golpea el Líbano,* nos recuerdan la importancia de la libertad de expresión y la necesidad de alzar la voz contra la opresión.

En resumen, con esta compilación titulada **Entre líneas, reflejos de un tiempo convulso**, he pretendido hacer una invitación a la reflexión y al diálogo y, a la vez, un viaje a través de las ideas y las emociones que nos definen como seres humanos. Cada artículo es una pieza de un mosaico más grande, una contribución a la comprensión de nuestro tiempo convulso y a la búsqueda de respuestas en un mundo en constante transformación y pleno de incertidumbres.

Por último, quisiera agradecer al Director del diario *La Mañana* de Lleida, Francesc Guillaumet Pijuan, y al responsable del Cierre de Edición, Jaume Lafuerza del Cerro, su apoyo al publicarme los artículos que les he ido remitiendo en estos dos últimos años.

Asimismo, quiero expresar mi gratitud de manera especial a Jaime Martínez Montero, Inspector de Educación, Doctor en Filosofía y Ciencias de la Educación y Creador del Método matemático ABN y, sobre todo, amigo, por haber aceptado mi solicitud de realizar el prólogo de este libro.

Y, a todos los lectores, deseo que esta obra no solo despierte en vosotros la curiosidad y el pensamiento crítico, sino que también toque vuestras fibras más sensibles, alimentando el espíritu de reflexión y entendimiento que tanto necesitamos en estos tiempos. Vuestra compañía en este viaje literario será, sin duda, el mayor reconocimiento a este esfuerzo compartido.

Juan Antonio Valero Casado

Día de Difuntos. Hablemos de la muerte, un viaje sin retorno a las estrellas

Nuestra vida, es ese sincopado viaje entre dos tiempos, el del nacimiento y la muerte. Unos tiempos durante los cuales, en mayor o menor medida, todos tenemos los mismos anhelos, poseemos similares virtudes, escondemos parecidas miserias, detentamos generales consuelos y sufrimos inevitables duelos que inexorablemente terminan con la muerte y el olvido de nuestra propia existencia. Y sin embargo, en nuestras modernas e individualistas sociedades vivimos como si la muerte no existiera. Tal vez, porque al mismo tiempo que la ciencia alarga la vida, nuestra cultura occidental se opone a pensar, asimilar y contemplar la muerte como un hecho inapelable e irremediablemente ineludible. Y es que hace ya muchos años que contemplamos la muerte, de forma más o menos consciente, como parte de una ficción narrativa literaria y/o cinematográfica y, a menudo, hemos hecho tan desmesurado uso y abuso de ella como efecto virtual y dramático, que no ha ejercido casi ningún poder sobre nuestra percepción y aún menos sobre la verdadera conciencia de lo que supone su desenlace.

La vida cambia rápido. La existencia transmuta en un instante en ese abreviado y rítmico viaje en el que se desarrolla. Un día, te sientas a cenar y de pronto el trayecto que conoces y que no piensas que tiene fin, se acaba. Y es que no se muere uno solo de vejez, sino por cualquier causa. Y, tal vez por ello, convendría que cambiásemos de paradigma de pensamiento y aceptásemos en no dar nada por sentado para poder hablar abiertamente de la muerte. Pues, entiendo que, compartir el sufrimiento que pensar en ella conlleva, alivia; máxime cuando se trata de algo que nos concierne a todos y, por lo tanto, contribuye a que nos enfrentemos abierta y directamente al miedo que genera. Probablemente sea, ese temor, la razón por la que hemos tardado siglos en comprender que no estamos solos y que hablar de la muerte es necesario. No obstante, como en otras muchas facetas de nuestro comportamiento, no obramos atendiendo al juicio de la lógica y la reflexión y no nos gusta hablar de enfermedades ni de la muerte, siendo ésta la única certeza que tenemos.

La muerte es el hecho más trascendental que determina toda nuestra existencia. Casi nadie se quiere morir y cuando la percibimos cerca nos afanamos en retrasarla todo cuanto se pueda. Quizá por eso, la inmortalidad ha sido en el transcurso de la historia de la humanidad un anhelado deseo. Y aunque ya Platón la definió como "un terrible peligro", vivir para siempre sin temor a enfermedades y/o poder morir cuando uno mismo lo decida, es la ambiciosa pretensión de una inmensa mayoría. Ya que la muerte no es algo que está al final de la vida, sino al principio, como nos explica el genetista del CSIC Ginés Morata, al afirmar que la muerte no es un proceso biológico inevitable, puesto que hay seres vivos que no envejecen, como algunos celentéreos o las medusas, por ejemplo. No obstante, sabemos que a pesar de esforzarnos por permanecer vivos, vamos a morir. Y sabemos también que la vida es breve. Y es tal vez por ello que la ciencia se afana en encontrar la forma en que podamos trascender a la mera existencia biológica. En este sentido, el psicólogo Clay Routledge, en el artículo *Uno se siente significativo al sentirse inmortal,* publicado en la revista *Scientific American* en 2014, decía, entre otras cosas, que la conciencia de la muerte hace que nos afanemos por tener experiencias más trascendentales, que aumente nuestra fe y que nuestro paso por la vida no desaparezca con nuestra muerte física. De hecho, Amazon trabaja ya hace tiempo para que un asistente virtual pueda reproducir la voz de los difuntos y alguna otra empresa, como Forever Mortal, gracias a la inteligencia artificial, desarrolla hologramas cada vez más perfeccionados que permiten interactuar con el muerto.

La ciencia nos la explica, pero la mayoría de nosotros no comprendemos la muerte y el hecho de que cuando se apaguen las luces de nuestra existencia, entremos en ese espacio infinito del olvido. Posiblemente, para evitarlo, fue por lo que el monje benedictino San Odilón de Cluny, en el año 998 d.C. instituyó un día específico para los difuntos. Siglos más tarde, en el XVI, su idea fue recogida por el Papado de Roma y se propagó al mundo entero. Y, desde entonces, el 2 de noviembre, "Día de los Fieles difuntos", es el único día del año en que hablamos sin problemas de la muerte y visitamos y recordamos a nuestros seres queridos en el cementerio.

Pienso en la muerte, tal vez porque a mi edad es un hecho inevitable. Y aunque procuro no tenerla presente en mi cabeza demasiado, soy conocedor de que la muerte piensa en mí. Me tiene en su lista y me impresiona. En todo caso, como afirma Declan Donnellan, director de cine británico, "hay algo peor que la muerte, la conciencia de saber que puedes no haber nunca sucedido". Y es que el miedo a la muerte no es nada comparado al de no haber existido.

Identidad, procesos y conocimiento

El término "identidad" proviene del vocablo latino *iden-titas*, que especifica y hace alusión al conjunto de rasgos y características que diferencia a un individuo o grupo de individuos de los demás. Es a partir de este vínculo que las personas logran distinguirse del resto; aunque esto depende siempre de la cosmovisión e historia propia del grupo e individualmente del contexto en el que cada uno vive. La identidad es considerada, por tanto, como un fenómeno subjetivo, de elaboración personal que se construye simbólicamente en interacción con otros y que va ligada a un sentido de pertenencia a un determinado grupo étnico y sociocultural con el que consideramos que compartimos características en común.

El concepto y noción de identidad no es una idea nueva que haya surgido a mediados del pasado siglo XX como consecuencia de las preocupaciones e intereses del mundo moderno, sino que es utilizado desde los albores de los tiempos para distinguir a unas determinadas tribus e individuos de otras. La primera referencia documentada de identidad se remonta a la última etapa del segundo milenio antes de Cristo. En concreto, se trataba de unas tablillas de terracota que tenían grabados, en caracteres cuneiformes, el nombre y demás datos personales del interesado. Un sistema que fue introducido por los asirios en razón de que su imperio estaba habitado por múltiples grupos étnicos y poblaciones diversas y tuvieron la necesidad de diferenciarlos mutuamente entre ellos. Siglos después, una evolución de esta forma de documentación apareció en el Imperio Romano. Y, desde ahí, con múltiples y variadas casuísticas, como el *guidaticum* utilizado en la Edad Media, ha llegado a nuestros días con la ineludible determinación de distinguirnos unos de otros.

La identidad personal se cimenta a partir de un procedimiento a través del cual los individuos componemos nuestra propia imagen y establecemos una serie de creencias sobre el tipo de persona que somos y las cualidades y características que nos distinguen de los demás. Sin embargo y pese a este afán diferenciador personal y colectivo, en este mundo globalizado en el que hoy vivimos, casi todo el mundo parece idéntico porque nadie quiere o no tiene tiempo para diferenciarse. Y, tal vez por eso, la mayoría de las personas no son las que dicen que son ellas, sino que son otras; pues sus pensamientos, buena parte de las veces, son las opiniones de otros y sus vidas una pura y simple imitación de algún famoso o la copia y parodia de una corriente o moda.

En este sentido, todos tenemos un NIF, en el que pone quién se supone que cada uno es. Y es un error, ya que, como digo anteriormente, ni siquiera el portador sabe, en esencia, muy bien quién es. Decía Nietzsche, que toda identidad es un engaño o una máscara y es imposible concebir una conceptualización para la "identidad", pues no se pude pensar en ella en términos racionales. Por consiguiente, tal y como nos indica el filósofo alemán, creo efectivamente que no hay identidades y la lógica, como tantas otras cosas, es una farsa, ya que de hecho, solamente hay procesos. Toda realidad está formulada y está constituida para sentir y ser sentida. Y son las sensaciones y las aspiraciones de cada uno las que nos guían en nuestro viaje por la vida. El diálogo permanente y perpetuo de esos dos conceptos es, a mi modo de ver, el que genera el carácter de nuestra identidad, nuestra manera de entender la existencia y poder llegar a lo único real, el conocimiento. Solo el conocimiento tiene luz propia, todo lo demás brilla con una luz reflejada. Y es que la vida es un proceso de aprendizaje en el que también afloran los sueños. Y los sueños, mientras se producen, son tan reales como la propia existencia. Unas visiones, esperanzas y anhelos que emergen desde el inconsciente, tanto si estamos dormidos como si soñamos despiertos. Son procesos, sensaciones y juicios que, muchas veces, nos aportan aspectos complementarios de una esencia más profunda y que ascienden a la realidad cuando uno a través de ellos se transforma. En síntesis, quiero decir con esto que la identidad de un individuo no es el nombre que tiene, ni el lugar donde nació, ni la fecha en que vino al mundo; sino que la identidad de una persona consiste, simplemente, en ser, pues el ser es lo único que no puede ser negado. No obstante, también soy consciente de que todos nosotros somos contradictorios, complejos, difíciles; es decir, no tan simples como aparentemente decimos que somos y, además estamos llenos de prejuicios. Unos prejuicios, genéticos por una parte y experimentales por otra, que son una respuesta rápida de nuestro sistema límbico ante determinadas configuraciones que presentan nuestros semejantes. Y tal vez por eso, como nos advierte nuestro filósofo José Antonio Marina, la globalización está provocando un obsesivo afán de identidad que va a provocar muchos enfrentamientos; pues mientras nuestras cabezas se mundializan, nuestros corazones se localizan.

Las complejas relaciones con los demás

La forma en la que a lo largo de nuestra vida el azar nos junta a determinadas personas estableciendo con ellas una relación de afecto a través de los sentimientos, siempre me ha producido extrañeza. Lo encuentro y me resulta un hecho tan sorprendente e insólito que es como si hubiera un propósito de vínculo oculto y misterioso más allá de las aparentes e inexplicables coincidencias ante las reacciones o percepciones mentales ocasionadas por los estímulos percibidos. De hecho, desde los primeros juegos hasta la reposada vejez, los seres humanos establecemos relaciones más allá del ámbito familiar, que nos permiten conectar con otras personas con las que compartimos sus mismos intereses, aunque no siempre. Tal vez por eso, seguimos sin comprender muy bien cómo forjamos nuestras relaciones y amistades que, en algunos casos son circunstancialmente pasajeras, pero que en otros pueden durar toda la vida. Cada una tiene su valor y significado; sobre todo cuando las miramos en perspectiva, aunque es indudable que todas tienen en común el reconocimiento recíproco. Y es que los amigos y las relaciones de pareja no se producen por generación espontánea. Comienzas a tratarlos antes de explorar lo que te agrada de ellos.

Sabemos que la amistad es muy importante en nuestras vidas, y sabemos también que es un misterio cómo se fraguan y que muchas veces vienen determinadas por el puro azar. En este sentido, relevantes estudios biológicos y de la neurociencia, han constatado la importancia que tienen en nuestro bienestar social y calidad de vida un buen funcionamiento de las relaciones de amistad. Pero realmente no es fácil entender el impacto que ocasionan y mantienen en cada uno de nosotros dichos lazos de afecto o, al menos, a mí no me resulta sencillo de interpretar ni comprender el complejo sistema de nuestras relaciones humanas; pues es una selva plena de símbolos y es difícil dar con el código adecuado. No obstante, según parece, comienzan a visualizarse algunas pistas que indican que hay una correlación directa entre el número de neuronas neocorticales de cada uno de nosotros y el número de relaciones sociales que podemos llegar a gestionar. Unas relaciones que, en el hecho de la de amistad, en el mejor de los casos, pueden llegar a conformar un grupo de, aproximadamente, unas 150 personas con las que nos entrelazaríamos de forma cercana y personal. No obstante, según un estudio del psicólogo británico de la universidad de Oxford, Robin Ian Dunbar, que es, además. antropólogo y biólogo especializado en el estudio del comportamiento de primates, los humanos tenemos capacidad para mantener solamente una media de cinco amistades íntimas. Y que dentro de esas cinco relaciones personales y esenciales, con las que nos sentimos muy unidos, pueden entrar también familiares e incluso se puede dar la circunstancia de que todas ellas sean familiares. Y, según indica en su estudio, acota tanto la cifra a cinco individuos, debido a que mantener este tipo de relaciones es muy costoso, tanto en términos del tiempo social empleado, que puede llegar al 40% del total, como al esfuerzo que exigen de mecanismos cognitivos, como la constancia y atención, pues son personas en las que pensamos mucho, de las que esperamos más y queremos saberlo todo.

La autoestima que tanto se valora hoy día y su intrínseca dignidad nos fortifica y el interés que podemos despertar en los demás nos masajea. El aislamiento temporal, buscado y pactado con la propia conciencia, acostumbra a ser buena fuente de energía porque ayuda a vernos solos frente a un espejo que potencia nuestra propia imagen. Durante minutos, horas o días, aislamos y paralizamos bullicios, compromisos y desasosiegos hasta lograr escuchar, en un silencioso vuelo por nuestros rincones más recónditos, los latidos de los más íntimos sentires. Pese a todo, salvo estos marcos de reflexión, nuestra vida se desliza metida en esa corriente imparable, en ocasiones remanso y a veces remolino, que es la relación con los demás. Y es que, en este mundo perdidamente materialista, sus positivos efectos son muchas veces opacados por otros latidos de nuestras neuronas que nos llevan a replantearnos muchas cosas. Por ello, si la reflexión es reencuentro con uno mismo, la relación personal de pareja o de amistad es, en muchas ocasiones, interés y beneficio. En libertad, sólo nos relacionamos con quienes nos interesa porque nos aportan algunas de las mil y una energías que necesitamos para alimentar de materia y de sentir nuestras vidas: cariño, camaradería y amistad, energía, entendimiento, seguridad, esparcimiento, alegría y hasta seguridad… ¡hay tantas!... y cada cual se sabe las suyas. Y al igual que uno busca a otros sin más, hay quienes prefieren nuestra relación porque creen que les aportamos aquello que no tienen y que les sirve. A la larga, todos somos colectores de vida y soplos de tiempos notables e inolvidables. Permutamos nuestros cromos con los que más nos importan y nos atrae de los demás. Siempre que lo hacemos, intentamos y procuramos mejorar y/o suplir los espacios vacíos de ese álbum intransferible que llamamos: "Nuestra vida".

Quizás tenga razón el psicólogo británico y en realidad solo podamos tener o mantener cinco amigos. Esos que, en muchos casos la pandemia y, en otros, cualquier distinta o nueva circunstancia inesperada, nos ha ayudado a verlos. Y eso que la conexión entre las personas dicen que lo es todo; posiblemente, porque un amigo es siempre uno mismo con otra piel.

Conócete a ti mismo

Las ideas que siempre son muy complicadas de transmitir, son difíciles que puedan llegar al público de manera sencilla. Y para ello, para conseguirlo, no hay mejor forma que intentar seducir al lector cuando se divulgan, tanto a nivel oral como por escrito. En este sentido, la filosofía que es una doctrina que usa un conjunto de razonamientos lógicos y metódicos sobre conceptos abstractos, es una aliada poderosa para alcanzar el objetivo. Pero hay un inconveniente en este terreno de poder llegar a la gente, ya que filósofos como Platón, Aristóteles y otros son escasamente asequibles y comprensibles para la mayoría de los ciudadanos. Sin embargo es necesario poder y saber utilizar dicha disciplina, pues es a través de ella como podemos construir nuestra correspondiente personalidad a lo largo de la vida. Sobre todo en esta época que nos toca vivir en la que se han acelerado muchas cosas en poco espacio de tiempo y esta circunstancia está generando cierta perplejidad, incertidumbre y desconfianza en la sociedad y en los individuos que la componemos. Y es que hasta hace unos años, los referentes que en mayor o menor medida todos teníamos, se han ido perdiendo y los ritos, importantes aliados, están desapareciendo.

En este contexto, antes había una pedagogía del placer. Por ejemplo, en un determinado día era frecuente que la familia realizara una establecida costumbre, como puede ser comer fuera de casa para festejar un cumpleaños. De esta manera, el deseo, actuaba para fortalecer una satisfacción y sentimiento que ya se habían experimentado en años anteriores. Había, alrededor del hecho, toda una pedagogía muy atractiva que generaba el que se disfrutara de la alegría y voluntad de salir de casa a comer. Pero ahora, se ha dado la vuelta y ya no se jerarquiza el placer por encima del deseo, sino que es el deseo el que se prioriza ante el placer y, al mismo tiempo, nos dicen continuamente que desear es maravilloso y que es imprescindible activarlo; ya que el deseo es proactivo e implica iniciativa y capacidad de liderazgo. Y, con este comportamiento lo que ocurre es que ansiando tanto, la capacidad de disfrutar de la vida y repetir un placer que ya conocemos, pasa a un segundo plano, perdiendo así esa citada pedagogía que teníamos marcada como un ritual en la familia y que nos proporcionaba una cierta identidad. Además, ahora, cuando nos venden ese discurso tan goloso del auto emprendimiento y del empoderamiento, nos están diciendo implícitamente que es un placer el hecho de desear. Sobre todo cuando, a partir de la activación del citado deseo, lo enfocan al mismo tiempo al plano laboral. Es decir, lo que nos indican es que el éxito y desarrollo de la felicidad va a pasar en exclusiva por ahí. Con lo cual, se pierde la capacidad de entender la vida como un macrocosmos donde hay más cosas que el mundo profesional.

Y otro tanto ocurre con la bulimia emocional, esa especie de ansia por consumir experiencias; las máximas posibles, para vomitarlas rápidamente en las redes sociales y pasar a la siguiente. Una voracidad emocional que lo que hace en el individuo es irle quebrantando poco a poco su manera de ser, al generar en él una sensación de vacío interior e insatisfacción personal. Lo que provoca que no vuelva a experiencias anteriores, aunque hayan sido placenteras y le hayan gustado, consiguiendo así que se le vaya anulando el sentido común que posee, si es que todavía conserva intacta alguna pequeña parcela del mismo. En este aspecto, genera el absurdo de que a pesar de que haya tenido una experiencia maravillosa, no debe repetirla para poder así experimentar otra nueva, invalidando y eliminando, de hecho, la posibilidad de asentar una conducta y/o norma que ha sido agradable y provechosa. Y, por otra parte, se le engaña diciéndole que si repite la experiencia, lo que hace es perder oportunidades de conocer otras. Con lo cual estigmatiza la repetición, se entra, de esta manera, en esa citada gula emocional que les lleva a querer continuamente algo nuevo, lo que se conoce con el término de "neofilia". Es decir, individuos con un tipo de personalidad caracterizada por una fuerte afinidad hacia la novedad. En resumen, la novedad se convierte en una especie de obsesión en torno a que lo insólito es bueno. Y pienso que no siempre es así; pues, la vida, invariablemente tiene sus momentos y el acontecimiento innovador o diferente siempre llega. Solamente tenemos que esperar que en la nublada vigilia de un ansiado mañana, salga el sol. Y es que a veces la vida no se entiende y hay que salir a buscarla; sobre todo, cuando vivir requiere pensar.

Finalizo regresando a la filosofía, pues entiendo que sería beneficioso y positivo para todos que el aforismo griego inscrito en el pronaos del templo de Apolo en Delfos *Conócete a ti mismo*, nos recordara siempre la importancia de mirar hacia dentro antes de tomar cualquier decisión, fuera el punto de partida para comprender el mundo y se convirtiera en una necesaria norma de vida. Y es que conocerse a uno mismo ha sido y es el desafío más grande y trascendente del ser humano. No es sencillo.

Navidad, recuerdos de unos pasados tiempos

No sé muy bien por qué el tiempo de Navidad me llega siempre cargado de recuerdos. Será porque en esta especial época del año, vienen a rondar a la casa de mi memoria los rostros de mis padres y hermano que se me han ido. O quizás sea, porque en estos días navideños mi corazón está más sensible por alguna atávica costumbre y la nostalgia inunda mi mente con sus rostros. Sea como fuere, la realidad es solo una, tozuda y persistente, y tal vez por eso cada año, cuando el otoño dobla definitivamente su espalda hacia el invierno, se apodera de mí un sorprendente estado de añoranza que me vuelve más sensible y me obliga, en estos días de aparente alegría, a mirar hacia el interior de mis entrañas. Y es que, sin saber por qué, la Navidad más que ninguna otra época del año, me hace volver la vista atrás y tener en cuenta los años que he cumplido. Tengo todos los años llenos, día a día, de las alegrías y penas que he pasado. Y casi tantos años como yo tienen mis recuerdos grabados en el arcón de mi memoria que me traen al presente aquellos lejanos y felices días de mi infancia cargados de perpetuas y cándidas risas inocentes. Probablemente, afloran las nostalgias porque al haberme reunido en estas pasadas festividades navideñas con unos queridos amigos en su casa, me sentí formando parte de una pequeña gran familia que me abrió un hueco en la mente y en el corazón al recordar aquellos otros días de Nochebuena y Navidad de mi niñez, acompañado de mis seres queridos en el lejano Marruecos. Y en ese ensueño, junto a mis padres y hermano, surgieron también las presencias de los populares villancicos que un grupo de pescadores de Larache interpretaban en la iglesia de Nuestra Sra. del Carmen de los Padres Franciscanos, acompañados por el dulce sonido de un pequeño órgano que había en el coro.

Pero, no todos los recuerdos navideños que a mi memoria vienen son felices. Pues también emergen con nitidez aquellos dos años transcurridos entre los muros del imponente caserón del internado Marista de Valladolid, en el que aurora tras aurora, viví desguarnecido por la ausencia de mi madre que no nos pudo acompañar a causa del conflicto ocasionado con motivo de la independencia de aquel Protectorado español en Marruecos. Anhelaba su llegada y mientras esperaba impaciente todos los acontecimientos que aún estaban por venir, leía una y otra vez sus cariñosas cartas. Unas cartas que me hacían algo más soportable el día a día de un tiempo que se me hacía eterno, tedioso y vacío en mi desdicha, convirtiendo los pasillos del colegio en las calles de un laberíntico infierno en el que algunos días acabé por haber permanecido solo y sin consuelo en esos corredores demasiado tiempo. Pues, aunque los frailes intentaban ser afectuosos, no había en sus gestos, ni en sus palabras, ni en sus hechos, nada que pudiera paliar ese amor materno que tanto añoraba. Quizás, su manera de proceder fue un mal menor para poder soportar toda la negrura en aquel presente. Y es que la soledad sentida en aquel internado durante esos dos años, fue una guadaña que casi llegó a segar en mí cuanta aptitud tenía para la relación con los compañeros y, a veces, hasta me dejó vacío, lavado de sentimientos. Fueron días en los que experimenté la dolorosa tristeza que, a pesar de la compañía de mi hermano mayor, puede llegar a sentir un niño en tan temprana edad por la ausencia de sus padres.

Es curioso cómo la memoria guarda en algún rincón oculto de su espacio determinadas presencias y se niega a borrar algunas otras semblanzas, personajes y momentos que forman parte de nuestro pasado. Acaso sea porque aquellos niños que hoy constituimos la generación madura de un incipiente ocaso, vivimos unos tiempos más benévolos que los actuales en estas celebraciones navideñas. Una época en la que los mayores trataban de explicarnos el significado cristiano de la Navidad en familia, creando vínculos emocionales de amor, de solidaridad y de alegría.

Hoy los tiempos han cambiado y aquellas voces infantiles se han vuelto más graves. Dejemos, pues, los recuerdos a un lado, adentrémonos por los corredores de la vida haciéndonos eco de esos medios de comunicación que, a todas horas, nos dicen que debemos de reír, ser felices, soñar y hacer proyectos de futuro, a pesar de la omnipresente crisis de valores y económica y de esa cruel y vergonzosa guerra que se libra en Ucrania, corazón de Europa, y recuperemos todos nuestros sueños.

Con mis mejores deseos para que el venidero 2023 nos sea propicio en todos los aspectos de nuestras vidas y logre que la paz en el mundo sea tan real y verdadera que hasta el silencio nos parezca ameno.

La mentira, una falacia convertida en realidad

Algunos investigadores que trabajan en el campo de la Psicología Experimental sugieren que somos una especie intrínsecamente mentirosa, al considerar que la mentira es una entidad inherente a la condición humana debido a la posible existencia de algún elemento innato o biológico que nos hace susceptibles al engaño. En contraposición, otros analistas de la Psicología Clínica destacan el origen adquirido de la conducta mentirosa. Sea como fuere, la realidad nos muestra que en la inmensa mayoría de nosotros, el uso de la mentira forma parte de los hábitos que ponemos en práctica en la vida diaria dentro de un contexto de convivencia, social o interpersonal. A este respecto, un estudio realizado en la Universidad de Massachusetts (EE.UU) en el 2002 estimó que el 60% de las personas adultas mienten al menos una vez durante una conversación de diez minutos. Obviamente, ante este comportamiento, la pregunta que surge es ¿por qué mentimos? La respuesta es simple y múltiple: a fin de evitar conflictos o castigos, no herir los sentimientos de otra persona o preocuparla innecesariamente, no realizar o posponer una actividad no apetecible; así como la necesidad de dar una buena imagen, agradar o no ofender a los demás, son los motivos más habituales que llevan a mentir e incluso llegan a considerarse pretextos y justificaciones razonables para usar la mentira como una mera cuestión adaptativa.

Así pues, la mentira está ligada de una manera u otra a los individuos de nuestra especie. Forma parte de nuestras vidas, pues engañar nos permite conseguir lo que queremos mediante la manipulación y la explotación de otros individuos, ya que, en general, mentimos para obtener algún beneficio: poder, estatus, dinero, sexo… Y es inherente a cualquier actividad humana. Platón, en *La República*, que es su más influyente obra y compendio de su filosofía, argumenta que pese a que la verdad deba ser valorada sobre todas las cosas, la mentira puede ser eficiente en la política para salvaguardar la autoridad y la justicia del Estado en manos de los gobernantes. En el Renacimiento, Maquiavelo, en su tratado *El Príncipe*, la teorizó abundantemente. Y en el pasado reciente siglo XX, se adjudica a Joseph Goebbels la expresión "una mentira repetida mil veces se convierte en verdad". No hay evidencia certera de que haya sido su autor, pero sí es una buena síntesis de lo que este propagandista nazi hizo durante la Segunda Guerra Mundial. Tan exitosa resultó la labor de Goebbels que bien puede decirse que sus mecanismos han sido copiados reiterativamente por muchos líderes políticos del mundo. Y sectores poderosos de grandes corporaciones multinacionales e influyentes medios de comunicación, siguen valiéndose de manera consciente de la mentira como medio para falsear la verdad de sus productos, manipular las mentes de las personas sobre las que quieren influir y lograr así que acepten lo inaceptable y secunden planes que les permitan obtener grandes beneficios económicos y de otra naturaleza a unos pocos.

Actualmente, en España, indicar que los políticos mienten es casi una obviedad, lo comprobamos casi diariamente en los debates del Parlamento del Estado. No son pocos los líderes de todo tipo de partidos e ideologías, aunque unos más que otros, que han sido pillados en las hemerotecas diciendo algo que falsearon y nunca cumplieron: antes y después de ser elegidos por el electorado. No cito ningún hecho ni ejemplo, pues no hay mayor mentira que la verdad mal entendida; así que cada uno piense en aquellos que considere ser ciertos. Y es que sobre las mentiras se han construido regímenes autoritarios y democráticos, se ha modificado la imagen que los pueblos tenían de sí mismos y de los demás, se ha orientado la acción política y militar de los Estados y se han sembrado dudas sobre la falibilidad de los resultados electorales, sin ninguna prueba, como ocurrió en los EE.UU hace un par de años y en estos pasados días en Brasil. Es decir, la mentira siempre ha sido un arma poderosa y tal vez por ello, ahora, en nuestro país, en este recién comenzado año, los partidos políticos, cada uno según su particular ética ideológica, están afanados en colocar las bases necesarias para ganar las venideras elecciones legislativas municipales y autonómicas de la primavera y las posteriores generales, con la utilización de la mentira, la tan efectiva falacia de la verdad a medias y/o algunas escasas verdades. Y es que la mentira política, al igual que la económica, ha llegado a su mayoría de edad: ha crecido, se ha hecho universal y, cada vez más, tiene aspiraciones de permanencia. Desde mi punto de vista, la diferencia más significativa respecto a otras anteriores mentiras históricas, es que las de ahora sustituyen la realidad entera por una imagen falsa y a veces delirante. Y sin embargo, debido a que a menudo responden a los miedos, los deseos y los prejuicios de los ciudadanos, tienen una gran verosimilitud y muchas veces terminan convertidas en materia de los libros de historia, esos gruesos volúmenes de apologética de los poderes donde se recogen las mentiras más significativas inventadas por los humanos.

Con todo, quiero pensar y no perder la esperanza de que la verdad y los hechos reales sean obstinados, se esfuercen por continuar existiendo a pesar de las imágenes falsas que tejen los oficiantes del poder y su cohorte de prósperos empresarios y gerentes de multinacionales del petróleo, de la fabricación de armas y/o de especuladores y banqueros. Me enseñaron de pequeño que, al final, las mentiras, incluso las mejor tramadas, tienen una esperanza de vida incierta y terminan reventando por la presión de la realidad. Pero, me temo lo peor, pues el pueblo, a pesar del transcurso de los siglos, considero que sigue siendo ingenuo y en cuanto alguien se le dirige en una lengua concreta y le habla de una patria envuelto en un determinado trapo, se lo cree todo.

Teatro en la Llotja:
Señora de rojo sobre fondo gris

La noche era fría. La hora tardía. El día, el pasado viernes 3 de febrero. El lugar el Teatro de la Llotja de Lleida. La obra, *Señora de rojo sobre fondo gris,* recrea los meses de verano y otoño de 1975. Un público bullicioso y hablador abarrotaba la sala. Eran las 9h00 de la noche, cuando sonó un timbre y se hizo el silencio. Al cabo de escasos minutos se subió el telón. Todo estaba oscuro a excepción de una banqueta de bar color rojo que permanecía iluminada. De pronto se oyó una voz grave, profunda, era la del inconfundible actor José Sacristán que, antes de comenzar la representación, nos rogaba que apagásemos los teléfonos y, en la medida de lo posible, que evitásemos las toses y todo tipo de ruidos ya que dichos hechos le resultaban enormemente molestos. Labor casi irrealizable de llevar a cabo. Algunos escasos espectadores no atendieron su ruego, no le hicieron caso y no apagaron sus móviles en toda la función y las toses y carraspeos se convirtieron, como por encanto, en la banda sonora que acompañó al actor en todo su monólogo de algo más de hora y media.

Al cabo de unos escasos minutos, apareció en escena el Sr. de Chinchón andando despacio camino de la banqueta, vestido con un sencillo pantalón azul cielo, un jersey rojo de cuello cisne y una chaqueta de uniforme color marrón claro y portando una copa en la mano. De esta manera salió José Sacristán solo al espacio, imponiéndose sobre las tablas y seduciéndonos a todos con su carismática y poderosa voz. Y es que este actor no necesita de nadie más, ya que su sola presencia ilumina el teatro. La puesta en escena es sencilla, se desarrollaba en el estudio de un pintor en horas muy bajas. Un ambiente compuesto apenas por una mesa, algunas sillas, un sofá y una estantería. Eso es todo. Aquí lo importante era el texto y el actor o el actor y el texto al que daba vida Sacristán. Comenzaba la magia...

La interpretación de José Sacristán, fue memorable. No solamente porque se metió en el papel de Nicolás de manera tan creíble y certera, sino, además, por la cantidad de matices, registros y emociones que desplegó durante toda la función. Desde el primer minuto hasta el último, los espectadores no vimos a un actor haciendo de pintor, sino a un personaje que en realidad eran dos a la vez: Miguel Delibes, el autor de la obra, y su álter ego Nicolás. Sí, José Sacristán estuvo inmenso, a pesar de que durante muchos momentos de la representación se tuvo que detener unos instantes debido a las expectoraciones de muchos espectadores y esperar unos segundos para volver a concentrase y retomar el monólogo. Un monólogo íntimo, emocional y lleno de sensibilidad que nos hipnotizaba a los asistentes. En este hilo conductor, me resulta difícil expresar con palabras que puedan hacer justicia, la maravillosa adaptación de la obra de Delibes que nos regalaron su director José Sámano, Inés Camiña y el propio Sacristán. Desde mi punto de vista, *Señora de rojo sobre fondo gris*, sobrepasa la mera historia de amor que relata y que pone de manifiesto muchas cuestiones ligadas a la condición humana. Es desoladora, hermosa y, sobre todo, ofrece humanidad a raudales durante todo el tiempo que dura la función. Y es que, José Sacristán, con su maravillosa interpretación plasma de una forma arrebatadoramente bella, muchas de las variadas cuestiones que generan que la vida cobre algo de sentido y se llene de alegría. Son esos tiempos, etapas y/o quizás solo relámpagos en los que uno, mirando hacia dentro, se da cuenta de que llegó a ser feliz en un momento dado, aunque él en esos instantes no lo supiera.

Poder disfrutar de la actuación de José Sacristán fue un goce que mereció la pena. *Señora de rojo sobre fondo gris* fue una oportunidad increíble de escuchar a este gran actor de una forma tan directa, cercana y certera, las emociones más duras que alcanzamos a padecer ante la pérdida de un ser querido.

Para finalizar, un punto negativo. Muy negativo en mi opinión. El edificio del Palacio de Congresos y Teatro de La Llotja, tiene muy mala acústica. Un hecho que ocasiona una gran dificultad para escuchar a los actores. Una verdadera lástima; pues, como se comprobó el pasado viernes, cuando se programa una buena obra de teatro con un contrastado y magnífico actor o elenco de actores, en su caso, el público responde y llena la sala. Sería tan difícil que el citado Centro de Negocios, Convenciones y Teatro de la Llotja, gestionado, según creo, por una sociedad patrimonial mixta participada al 80% por el Ayuntamiento de Lleida y el 20% por Mercolleida, subsanase esta deplorable e irritante situación. Los ciudadanos amantes del teatro y de otros eventos culturales, se lo agradeceríamos. Con los casi 50 millones de euros que costó su realización ¿Es mucho pedir?

Acerca de la consciencia. (1ª parte)

El siglo XIX fue el siglo de las ondas electromagnéticas portadoras de información, el siglo XX el de la física cuántica que ha dado un vuelco espectacular al conocimiento total y el siglo XXI parece ser que está destinado a ser el de la consciencia. Y, de hecho, ya se postula que se fabricarán aparatos que podrán realizar fotos de la energía; o sea, de la esencia que somos y que la vida sigue después de la muerte. No obstante, se materialicen o no estas perspectivas, es importante aclarar que consciencia y mente son dos conceptos que suelen confundirse. Hasta hace pocos años, la consciencia era un misterio; pero los avances de la neurociencia están empezando a clarificar qué es, aunque aún no hay una definición concreta ni se tiene la solución todavía. En este sentido, falta reconocer que la mente y la consciencia son diferentes y parece ser que la clave la tienen los sentimientos. De hecho, si sentimos dolor, enojo, ira o deseo es porque somos conscientes. Es decir, de alguna manera la consciencia es la habilidad de sentir el estado de la vida dentro de nuestro cuerpo en cualquier momento. Existen pues ciertas diferencias conceptuales entre lo que entendemos como mente y lo que intuimos a través de la palabra consciencia. Tanto la consciencia como la mente son intangibles, sin embargo lo que les divergencia es que la mente es un trasfondo conceptual, mientras que la consciencia es una elevación del terreno; es decir, un estado de la mente, subjetivo, unificado y continuo. La mente es el espacio en donde se reúnen la mayor parte de las manifestaciones mentales; pero…, y aquí reside la desigualdad más significativa, la mente disfruta de la capacidad de ser consciente e inconsciente, en tanto que la consciencia es invariablemente y por definición siempre consciente.

En este contexto, cabe también señalar, que consciencia e inteligencia no son lo mismo. Según la psicología la consciencia es la facultad psíquica por la que un sujeto se percibe a sí mismo en el mundo. Mientras que la inteligencia es la capacidad de entender o comprender y resolver problemas. En efecto, las bacterias son inteligentes, los organismos con mil y más células pueden ser muy inteligentes. Y dichos organismos eligen lo que más les conviene para mantenerse vivos, para mantener la homeostasis; o sea, el equilibrio al que tiende un cuerpo biológico, pero no saben que lo hacen; sino que lo hacen de forma implícita. Mientras que los humanos tenemos el beneficio de ambos conceptos. No tenemos forma de regular la digestión, la respiración o la función del corazón, eso, como otros organismos vivos, lo hacemos igualmente de forma implícita. Pero, a diferencia de ellos, nos beneficiamos de un nivel de inteligencia encubierto y otro relacionado con nuestro discernimiento; pues sentir nos da conocimiento. Y es que el gran momento del desarrollo de la consciencia es el instante en que las criaturas comenzaron a tener sentimientos.

Igualmente, es importante destacar que la inteligencia y la racionalidad son también atributos diferentes. De facto, a pesar de la presunta inteligencia de las personas es muy fácil manipularlas para que crean algo, no hagan una cosa concreta o hacerles pensar que determinada situación les gusta más de lo que debería. La historia nos ofrece múltiples pruebas de ello y un ejemplo actual muy claro es lo que ha pasado y pasa con las redes sociales. Y todo eso, a pesar de que no cabe la menor duda que cada día nuestra especie se va haciendo más inteligente y se van descubriendo en todos los campos más certezas. Sin embargo, esto no quiere decir que seamos más racionales, pues la racionalidad es una habilidad y ésta falla con cierta frecuencia. Una clara muestra es que en plena pandemia, aún sabiendo que si se contagiaban y contraían la Covid 19, existía la posibilidad de que muriesen, mucha gente decidió no vacunarse. Una manifiesta y notoria evidencia, de que somos irracionales o directamente estúpidos. Y, obviamente, no hay vacuna posible para la estupidez.

Del mismo modo, es necesario destacar que los últimos avances en neurociencia sobre la consciencia, muestran que esa propiedad que suponíamos exclusivamente nuestra, no se ubica en la parte frontal del cerebro, que es la que más se ha desarrollado durante la evolución humana, sino en unas áreas traseras que coinciden con las que poseen los animales. De hecho su presencia ha sido confirmada en otros mamíferos y se piensa que también la poseen todos los vertebrados, incluidos los peces. Es decir, la consciencia no es un fenómeno exclusivo de los humanos, ni siquiera de los primates, sino que proviene de la propia evolución. En este aspecto, el solipsismo, la teoría filosófica que postula que la realidad externa solo es comprensible a través del yo, ya que este es la única realidad tangible, es una posición no difícil de refutar por la práctica diaria de la ciencia. Una aspirina o el paracetamol alivian el dolor en humanos y animales por igual. Por lo que la propuesta de que los animales no son conscientes de su sufrimiento creo que resulta inverosímil. Y es que lo que uno piensa sobre su propia mente resulta irrelevante y engañoso, como ha demostrado la neurología.

Por último, hay que aclarar la diferencia entre consciencia y conciencia. La consciencia es la facultad del ser humano para conocer la realidad y advertirse en ella, mientras que la conciencia es el juicio moral de lo que está bien y lo que está mal, en base a la percepción que se tiene de sí mismo y de su potencial para proceder sobre su entorno. Y la conciencia es así porque, como nos dice el refrán, ejerce, a la vez, de testigo, fiscal y juez.

(Continuará)

Aclarando la consciencia (2ª parte)

La prestigiosa publicación Science realizó en 2005 una clasificación de las 100 preguntas más trascendentales para la humanidad a las que la ciencia aún no había logrado dar una respuesta plausible. La primera era ¿De qué está constituido el universo? y la segunda ¿Cuál es el fundamento biológico de la consciencia? Casi veinte años después, seguimos sin tener respuesta a ambas preguntas. Respecto al universo, llevamos milenios preguntándonos por su esencia y aunque se han realizado algunos avances, continuamos desconociendo qué es la materia y la energía oscura, así como el concepto de espacio vacío. No se sabe nada. Y en relación a la segunda cuestión, tampoco se conoce qué es la consciencia. De hecho, los psicólogos, neurobiólogos e incluso físicos que investigan sobre ella, continúan sin conocer dónde está ubicada esa función tan específicamente humana. A este respecto, comprendemos lo que es la inteligencia e intuimos cómo ejecuta el cerebro determinadas funciones cómo escribir, hacer cálculos y qué áreas regulan todo eso. Pero…, de la consciencia, ese conocimiento intrínseco de que existimos, poseemos un pasado, disfrutamos de un presente y abrigamos la esperanza de un futuro, que conocemos que vamos a morir y nos permitimos creer en cosas que no existen etc., de todos esos procesos mentales tan excepcionalmente humanos, de momento, no tenemos ni idea del lugar en el que se elaboran y realizan.

En relación con esto, siempre se ha considerado que la consciencia reside en el cerebro. Sin embargo, algunas recientes investigaciones sospechan que probablemente no toda la consciencia habita y se genera en el cerebro. Sino que algunos órganos como el corazón que tiene 40.000 neuronas y que posee un campo electromecánico cinco mil veces más potente que el del cerebro, podría albergar parte de esa intangible facultad psíquica. Además, de la misma manera que hoy día se acepta la Teoría de las Inteligencias Múltiples de Gardner, como un modelo de pensamiento que plantea la existencia de un conjunto de capacidades y habilidades que pueden ser desarrolladas por las personas en función de factores biológicos, personales y sociales, se habla también de la consciencia compartida, de la consciencia universal. De hecho, la universidad de Princeton, EE.UU, lidera desde 1998 el Proyecto Consciencia Global, utilizando 60 sensores repartidos por todo el mundo, capaces de captar la actividad cerebral global y establecer la relación entre consciencia colectiva y realidad física mediante una red informática. Es decir, dicho estudio sugiere que la consciencia no es solo cosa del cerebro de cada individuo, sino que posiblemente ni siquiera se circunscriba al ámbito de nuestro cuerpo. Si bien todo es muy sutil y las referencias a la consciencia global son tan solo una metáfora; o sea, solamente una expresión para un potencial hecho cuyos alcances y correlaciones siguen siendo misteriosos.

Realmente, la consciencia es lo que nos hace humanos, lo que más nos distingue como especie del resto de los seres vivos. Es nuestra característica fundamental, ya que las demás carecen de ella, si bien sigue existiendo una polémica bastante considerable sobre si algunos animales, como el chimpancé, con el que compartimos el 98,7% del ADN, podría tener consciencia; pero, la mayoría de los investigadores indican que no. En este sentido, apuntan como arquetipo y representación que el "ordenador" que configura el cerebro de un simio u otro animal similar, es como si no tuviera en su software los atributos de la consciencia. Es decir, dichos animales alcanzan a tener actividades mentales, logran aprender determinadas habilidades, consiguen resolver problemas, se les puede enseñar a apretar una palanca para comer y lo asimilan; pero eso no es consciencia. En este sentido, el gorila, que es el familiar más próximo al ser humano y que sabe servirse de utensilios como nosotros, no recuerda, por ejemplo, lo bien que se lo pasaba tal día como hoy cuando era un bebé; ya que no tiene consciencia del pasado ni del futuro. Por eso no hay que confundir inteligencia, mente y/o actividad mental con consciencia. Son cosas diferentes. La consciencia es el conocimiento sobre la propia existencia; pero, como nos dicen los científicos e investigadores, es algo que difícilmente puede ser estudiado porque no forma parte de la actividad mental. Cuántos de nosotros, cuando éramos niños o adolescentes o tal vez hace pocos años, hemos visto una película de *Superman* y al acostarnos, antes de dormirnos, nos hemos imaginado alguna aventura emulando al superhéroe. Eso es una actividad única y exclusiva de la consciencia, no es la mente, no es la inteligencia, no es una habilidad la que la produce, sino el sentimiento que hemos experimentado al ver la película y que luego lo reproducimos y protagonizamos nosotros mismos. Otro ejemplo que suele ponerse para intentar comprenderla es que un ordenador puede jugar contra el campeón del mundo de ajedrez y ganarle, como de hecho ya ha ocurrido. Pero, los sentimientos y emociones sentidas por el jugador humano durante la partida; es decir, su consciencia, que no hay que confundir con su capacidad cognitiva y habilidades para intentar realizar una determinada jugada, el ordenador no puede experimentarlas porque no las posee. Y es que, ni siquiera los ordenadores cuánticos la tienen ni pueden conseguirla, porque sus algoritmos no son capaces de reproducir una actividad tan íntima y profunda como son los sentimientos y la imaginación que poseemos los miembros de nuestra especie.

En conclusión, sobre la consciencia no se sabe prácticamente casi nada, sigue siendo uno de los problemas más intrigantes de la ciencia contemporánea. No existe, por el momento, un acuerdo sobre la definición ni el concepto de consciencia, aunque, tal vez, algún no lejano día seamos capaces de conocer qué es y el material del que están hechos los sueños.

(Continuará)

A vueltas con la consciencia (Última parte)

La tecnología actual resulta asombrosa. Desde mi punto de vista, lo más importante cuando nos compramos un móvil o un ordenador no es la marca, ni su memoria RAM, ni la capacidad de almacenaje, ni la calidad de las fotos o vídeos que podamos hacer con él, sino que todo cuanto escribimos, captamos o hablamos lo podemos almacenar en la "nube"; un lugar misterioso de donde te lo puedes "bajar" cuando lo necesites. Y lo más sorprendente y extraordinario tampoco es el hecho que acabo de indicar, sino que si se nos estropea el móvil u ordenador o en un arrebato de cólera, lo tiramos al suelo o lo destrozamos a martillazos, siempre podremos recuperar todos nuestros archivos. Parece magia, pero no lo es. Y es que realmente esa idea comienza a tener muchos seguidores; pues, ya hay físicos muy avanzados que nos hablan de nuestra inmortalidad cuántica. Es decir, que cuando morimos nuestro cuerpo se descompone y los huesos se pueden pudrir, pero la energía que sostiene la parte más íntima de nosotros mismos, nuestra esencia, de alguna manera persiste en algún formato. Los religiosos pueden pensar que esa ánima nuestra se conserva en el cielo o va al infierno o bien que se transmigra a otro ser vivo…. Y todas estas afirmaciones que están diciendo y divulgando los físicos cuánticos se puede aplicar respecto a la intangible consciencia; ya que sus averiguaciones las realizan con las mismas matemáticas que usan para poner en marcha todos los artilugios que hacen que funcionen los teléfonos móviles, los ordenadores y otras avanzadas tecnologías. Lo cual me lleva a pensar que si la consciencia puede sobrevivir, tal vez sería lo que siempre hemos denominado como nuestra "alma"; aunque el alma, en el modelo Smartphone u ordenador, comprendería también la batería, la hora, los contactos, las aplicaciones, la linterna que puedo encender si me quedo a oscuras... Por lo tanto, es posible que exista una conexión extracorporal en relación con la consciencia.

En este sentido, se podría afirmar que todos nosotros estamos conectados con todo, Ya que los átomos son inmortales y solamente mueren cuando acontece una explosión nuclear. Por otra parte, todas las partículas que forman nuestro cuerpo proceden de alguna estrella que explotó en su día. Por consiguiente, sea como sea estamos todos conectados a nivel cuántico. Y esta conexión es real, pues los propios físicos nos hablan de la existencia de campos cuánticos. Es decir, es como si estuviéramos conectados por hilos invisibles. Una conexiones "mágicas" que se materializan en la atracción que sentimos por una persona a la que de repente conocemos y que, sin saber, porqué, nos atrae y conecta y con la cual podemos llegar a establecer una relación que nos concede la posibilidad de cambiarnos la vida. Hechos y circunstancias que nos enseñarían cómo la función y eficacia de nuestras consciencias alterarían una especie de campo o espacio particular que tenemos en nuestro entorno o incluso a grandes distancias. La gravedad, por ejemplo, conocemos que es una alteración del espacio/tiempo, como explicó Einstein. Pues bien, sería un tanto similar a eso, algo que nos facultaría enlazarnos y relacionarnos a distancia, sin que nos demos cuenta; lo que coloquialmente denominamos como casualidades. Son, al fin y al cabo, todo ese tipo de cosas que no nos podemos explicar y que en todas las encrucijadas de la vida han hecho que tomáramos una u otra dirección.

Una de las cosas que posee la consciencia es su capacidad para inventar el mundo en el que vivimos. Y lo hace de tal manera que consigue que el mundo en el que nos movemos no tenga nada que ver la realidad con lo que nosotros vemos. Por ejemplo, si un día vamos paseando por el campo y vemos que nos sobrevuela un avión a gran altura, nuestra consciencia nos permite imaginarnos que dentro de ese avión va un montón de gente, unos disfrutando del viaje, varios comiendo, otros viendo una película…etc. Todo eso lo alcanzamos a fantasear e incluso a percibir con nuestra consciencia mediante la imaginación. Pero, ¿es real lo que vemos? Evidentemente no, de hecho, si nos acompañara nuestro perro, él vería lo mismo que nosotros; pero, ¿qué percepción tiene de ese avión y de la vida que hay en su interior nuestra mascota? Es decir, nuestra consciencia puede creer y ver cosas y hechos que no existen. En otras palabras la consciencia inventa un mundo cuántico de átomos, de partículas, de fotones y de energía para nuestro uso particular cómo y cuándo quiere. Y esta visión es personal, ya nos lo advirtió Einstein al decirnos: "Cuando no miro la Luna, la Luna no está allí". Nos quiso decir con esto que las cosas solamente existen si tenemos algún sentido que nos evidencie la presencia de tal cosa. De acuerdo con este principio del genio físico se podría afirmar que la Luna apareció mágicamente cuando el primer homínido, hace unos pocos millones de años, miró al cielo y fue consciente de su existencia. Así pues, ¿donde había estado antes nuestro satélite? Ciertamente en el mismo sitio que la vio nuestro ancestro, pero ningún animal de los existentes era consciente de su innegable realidad.

Hoy en día, seguimos sin saber aún muy bien que es la consciencia. Se están haciendo esfuerzos y grandes avances en el ámbito de la neurociencia con el inmenso apoyo de la física cuántica que le proporcionan y permiten las más avanzadas tecnologías y seguramente algún día se llegará a conocer su realidad. De hecho, todo el funcionamiento del sistema nervioso se resolvió con la electricidad y con la física, pero la consciencia no se explica solamente con eso. El tema es difícil y complejo puesto que todos nosotros, física-químicamente, somos realmente una fuente de fotones y de partículas; o sea, un batiburrillo de átomos moviéndose que nos llevan más allá de la actual ciencia de la consciencia. Esperemos pues un tiempo, ya que la consciencia solamente podremos conocerla, teniendo consciencia de que existe…

Consciencia y conciencia con Siria

Sólo un humano adulto es capaz de torturar. Requiere "meterse" dentro del otro y ser conocedor de imaginar lo que está sintiendo. No veremos nunca a un gorila, nuestro más cercano pariente, o a un chimpancé, deleitándose en torturar a otro animal, cuidando de no matarle con el fin de que siga sufriendo, sólo los humanos somos capaces de hacerlo.

Esto es lo que están realizando nuestros buenos y ejemplares ciudadanos dignatarios de los EE.UU y la UE ayudando cuantiosamente a Turquía y negando la Ayuda Humanitaria a Siria que sufre igualmente las consecuencias del terremoto.

Sin embargo, sí les están haciendo llegar esa "Ayuda Humanitaria" a la población civil siria, los malos y canallas responsables de otros países árabes, así como los de Irán, India, Pakistán y China y hasta el loco y salvaje Kim Jong-un de Corea del Norte. Una vez más, Occidente nos ofrece una gran lección moral sobre su Consciencia y Conciencia, que es la nuestra.

¡Viva el capitalismo!

Lo pensaron y dijeron hace muchos años otros más listos que yo: "El fin de la ciencia especulativa es la acción, y el fin de la ciencia práctica es la verdad". Y es que los únicos que sacan partido del capitalismo son los estafadores y se hacen millonarios enseguida y casi sin darse cuenta mientras los demás mortales vemos las noticias con estupor y nos indignados ante sus comportamientos. La inmensa mayoría somos pueblo y como tal nos corresponde oír, ver, callar y pagar impuestos para divertimento de algunos pocos. Es razonable que el Comunismo fracasará pues habría supuesto la desaparición de esa élite que gobierna el mundo a su antojo.

Un capitalismo judeo-romano contra el que ya fracasó Jesús de Nazaret y por eso terminó como terminó y que, como es bien sabido, se fundó a finales del siglo XV y principios del XVI y alcanzó su madurez en el XIX. Aunque, en realidad, es casi tan antiguo como nuestra especie; pues se originó en el mismo momento en el que nuestros ancestros dejaron de ser "cazadores" y nómadas y se convirtieron en "recolectores" y sedentarios. Alguno se dio cuenta del "truco" y de lo importante que era atesorar alimentos para someter y dominar a los demás…

20 de marzo. Día mundial de la felicidad

Seguramente, en más de una ocasión todos nos hemos preguntado si somos felices y el por qué de nuestra felicidad. Personalmente, he de manifestar que yo sí lo he hecho. Y aunque cada vez que me he formulado la cuestión he percibido y creído que sí era feliz, no sé tampoco muy bien porqué en ocasiones he dudado de la respuesta. En este contexto, una de las ideas esenciales de Aristóteles es que los seres humanos que quieren tener una buena vida y ser felices deben luchar por desarrollar su potencial personal; es decir, la capacidad que tienen de crear, innovar y cumplir con sus objetivos personales y vivir de acuerdo con ellos conforme a su actitud y entusiasmo. Es de suponer que el filósofo griego nos anima a buscarla porque nadie nace feliz o infeliz; pues, de hecho, no se conoce un gen de la felicidad y ésta no se hereda. Tal vez por ello cuando buscamos la felicidad de forma activa, casi nunca se encuentra. Y es que, para la mayoría de los seres humanos, la felicidad es un estado de ánimo algo complejo. A este respecto, todos somos lo suficientemente aptos y hábiles para dar con un sentido de la vida que nos permita ser felices; aunque algunas personas no lo consigan. Quizás, porque el significado y curso de la vida cambia de un año a otro, de un día a otro y de una persona a otra. Por lo tanto, el reto es encontrarle el sentido en los diferentes caminos que nos va presentando la propia existencia, pues la felicidad no es un destino, sino más bien una cualidad con la que se transita en la vida.

Definir la felicidad no es sencillo. La RAE la concreta como el estado de ánimo de la persona que se siente plenamente satisfecha por gozar de lo que desea o por disfrutar de algo bueno. Para mí es simplemente comprometerse con la textura de la vida, pues la felicidad es nuestra responsabilidad individual; pero en nuestra ultramoderna sociedad resulta tentador culpar a todos de todo lo malo o negativo que nos ocurre, menos a nosotros mismos y así, teniendo como base este planteamiento, considero que es difícil alcanzarla. Y, además, estimo que para ser feliz se ha de contar con las cartas que nos tocaron al nacer, sobre todo si están en contra de uno, ya que entonces creo que es más difícil llegar a ser feliz. Pues la felicidad no es un sentimiento vago e indescriptible, sino un estado físico del cerebro que puede inducirse de manera deliberada y que podemos alcanzar por nosotros mismos, ya que forma parte de lo que somos; pero que tiene poco que ver con lo que ocurre a nuestro alrededor. Un hecho que los científicos han demostrado no hace muchos años y que la práctica de la meditación budista conoce desde hace siglos.

La manera de proceder frente a la felicidad es una característica tradicionalmente cultural, y como tal varía. De hecho, iniciamos la búsqueda de la felicidad hace relativamente poco tiempo, ya que empezamos a interesarnos por ella a partir de siglo XVIII, con las consideraciones que proclamaba la Ilustración. Posteriormente, John Stuart Mill, teórico del utilitarismo, en su primer libro *Sistema de lógica inductiva y deductiva*, nos advertía que "Es mejor ser un humano insatisfecho que un cerdo satisfecho y es mejor ser un Sócrates insatisfecho que un tonto satisfecho". O sea, que era preferible razonar por uno mismo y adoptar decisiones y actuar juiciosamente en relación con el mundo que carecer de esas cualidades, aunque uno estimase y valorase ser más feliz sin ellas. En cualquier caso, la cuestión creo que es cómo lograr que la búsqueda de felicidad se convierta en algo provechoso para el individuo y para la colectividad. Puesto que los cambios tecnológicos y de estilo de vida de los últimos tiempos han sido tan rápidos que no hemos tenido la capacidad suficiente para adaptarnos totalmente a ellos y seguir el ritmo marcado para ser felices globalmente. Y posiblemente por esta razón, imperan hoy día el individualismo y la desigualdad que acaso sean la causa de que tengamos una sociedad muy conflictiva, llena de incertidumbres y un tanto descontenta e infeliz. Por otra parte, el hecho de que se haya puesto de moda solamente la felicidad individual, casi excluyendo la colectiva, me parece que es desafortunado, porque se le está diciendo a cada uno que piense solamente en su felicidad personal psicológica, rompiendo así la relación social global de la felicidad con la justicia, con la ética y con las virtudes que ésta conlleva como felicidad pública colectiva. Y, además, porque acceder a la felicidad desde una coyuntura individual genera un descrédito de los valores que la sustentan desde la propia filosofía; ya que, si bien intentar ser feliz es una proposición simple que no se puede negar racionalmente, a duras penas se puede obtener siempre. Y esto ocasiona frustraciones y que renunciemos como sociedad a ser felices en la vida y con la vida.

Así pues, la felicidad es necesaria, tanto a nivel individual como colectivo. Su importancia la indica el hecho de que la Asamblea General de la ONU decretó en la resolución 66/281 de 2012 que tal día como hoy, 20 de marzo, se conmemorase el Día Internacional de la Felicidad con el objetivo de considerar la felicidad y el bienestar como anhelos universales de los seres humanos y la utilidad de su inserción en las políticas de gobierno. No obstante, para conseguirla, conviene no olvidar que la felicidad viaja siempre de incógnito, pues está en uno mismo. Y es que cada uno es como es y debe conocerse y el que lo consigue, probablemente es feliz.

Ricos en perplejidades y certezas

En el pasado enero, coincidiendo con el inicio del Foro de Davos en Suiza, que reúne anualmente a las élites económicas de 130 países, Intermón Oxfam hizo público un informe en el que se destacaba que el 1% de la población de todo el planeta había acumulado el 63 % de la riqueza mundial total en el pasado año 2022. A nadie, a ningún responsable de entidades geopolíticas, presidentes de gobierno, ni relevantes instituciones civiles o religiosas se les cayó la cara de vergüenza ni declaró que había que poner remedio a esta infamia que socava los propios pilares de la democracia. Y, sin embargo, la mayoría de los responsables de partidos políticos de cualquier país del mundo, sí que hablan con mucho orgullo sobre los grandes beneficios que aporta la democracia para los ciudadanos que vivimos bajo el paraguas de esta forma de gobierno. Curiosamente, solo 8 de cada 100 ciudadanos del mundo vivimos en democracias plenas con todas las imperfecciones que éstas tengan, poco más del 45% de los humanos residen también en democracias aunque éstas sean defectuosas y el resto habitan bajo gobiernos híbridos o autoritarios. Pues bien, los privilegios que los Gobiernos de las democracias plenas otorgan y/o permiten a empresas y ciudadanos de sus respectivos países que destacan por su riqueza, para que puedan realizar la llamada ingeniería fiscal y no pagar impuestos o que éstos sean mínimos, están tipificados en la propia Normativa legislativa que aprueban sus señorías en las correspondientes cámaras y congresos de cada democrático Estado. Y aprueban estas medidas sabiendo que lo único que logran, además de cercenar el sistema económico mundial, es ampliar la brecha de la desigualdad, dejando sin esperanza a cientos de millones de personas pobres en el planeta. Un hecho que se ve claramente reflejado en el entramado mundial de paraísos fiscales existentes que permite que una minoría privilegiada oculte en ellos 7,6 billones de dólares. Y, ante esta situación, los EE.UU y China, actuales grandes potencias mundiales con su absoluto poder económico, político, militar e integral influencia sobre el resto de las naciones, muestran una total pasividad e inacción. Y una comunidad política de derecho constituida en régimen de organización internacional de gobernanza en común, como es la Unión Europea, tampoco hace absolutamente nada para combatir los citados paraísos fiscales y evitar que los recursos económicos globales se concentren en pocas manos, en lugar de distribuirse de forma justa y equitativa. Esta es la cruda realidad de nuestra sociedad y nuestras vidas.

En este contexto económico y centrándonos en nuestro país, las familias aportan el 91,52% de la recaudación fiscal del Estado, mientras que las grandes empresas solo contribuyen con el 1,98% gracias a la citada ingeniería fiscal, un conjunto de prácticas que consiste en usar la Ley para pagar lo menos posible. Es por ello, que cabe cuestionarse si es admisible que habiendo sido el beneficio global de la Banca española en el año fiscal 2022 de 20.800 millones de Euros, lo cual significa que han obtenido un 28% más de ganancias que en el año anterior y que ganando esta ingente cantidad de dinero debido, sobre todo, a los préstamos hipotecarios otorgados a sus clientes y gracias a cobrar por todo, hayan despedido a 19.000

trabajadores de entre sus empleados Creo que no. ¿Y qué han hecho dichas entidades con semejantes rendimientos históricos?, pues lo habitual, han distribuido 9.300 millones de euros entre sus accionistas y el resto, básicamente, lo han dedicado a incrementar el salario de sus presidentes y altos ejecutivos. Y es que, los banqueros españoles ganan de media al año 2,18 millones de Euros, convirtiéndose así en los mejor pagados deEuropa. Casi nada.

Unos salarios de la Banca en 2022 que, citando solamente dos ejemplos, se han elevado a 2,2 millones de euros en el caso de José Ignacio Goirigolzarri, en su calidad de presidente de CaixaBank; lo que supone una remuneración de un 38,7% superior a la que obtuvo en 2021. Por su parte, Ana Botín, presidenta del Banco Santander, ganó de salario 11,73 millones de euros en 2022, sueldo al que hay que añadir como "bonus" una opción para comprar 736.160 acciones de la entidad un 12% más baratas como retribución variable en el citado año. En referencia a las corporaciones empresariales, citando también dos ejemplos, cabe destacar que Francisco Reynés Massanet, presidente y CEO de Naturgy se embolsó 5,85 millones de euros en 2022, lo que supone un incremento del 18% respecto al de 2021 y que Antonio Garamendi, presidente de la CEOE tenga un sueldo como autónomo de cerca de 400.000 euros brutos al año, como ha trascendido recientemente. Y respecto a las grandes fortunas valga exponer simplemente que Rafael del Pino Calvo-Sotelo, presidente ejecutivo de Ferrovial, posee un patrimonio de más de 3.800 millones de euros. Ante esta macroeconómica cantidad me pregunto ¿en qué estado mental le sume a uno la consciencia semejante magnitud de dinero? No lo sé. Lo que sí considero es que los ricos no son como la inmensa mayoría de nosotros. Y es así, porque es innegable que ellos tienen infinitamente más dinero y su conciencia, funciona con otros parámetros. Solamente así se puede entender las declaraciones de Juan Roig, presidente ejecutivo y máximo accionista de Mercadona, del pasado 14 de los corrientes: "Hemos subido los precios una burrada, pero habría sido un desastre no hacerlo". Y es que él, como todos los de su gremio, son liberales en lo económico y paleolíticos en lo social.

Usted que está finalizando la lectura de este artículo de opinión, y yo y la inmensa mayoría de los ciudadanos que constituimos el pueblo liso y llano, seguimos siendo ingenuos y también ricos; pero, en perplejidades y certezas.

La verdad, esa comedia humana

Cuando éramos pequeños, todos recordamos ante alguna travesura haber oído a nuestros padres decidnos con voz severa que dijésemos siempre la verdad. Sin embargo, a la vez, nos advertían y enseñaban a callar, a medir las palabras, a ocultar las frases hirientes para no molestar a nadie. Era el arte de la mentira amable que practicábamos, algunas veces diciendo que la comida estaba buena aunque nos supiese a rayos si nos habían invitado, otras aceptando con una infinita sonrisa de agradecimiento un regalo de cumpleaños que nos decepcionaba y en ocasiones diciéndole a la gente simplemente que eran muy divertidos aunque en realidad fueran unos pesados. Y es que la espontaneidad y decir la verdad puede resultar ofensivo y convertir las relaciones humanas en un infierno sin una cierta delicadeza para saber fingir. Es parte de la comedia humana. Posiblemente, la sensatez resida en aceptar que las personas que constituyen el círculo de nuestros afectos y el mundo social que nos rodea, no precisan escuchar nuestros crudos pensamientos, ni nuestras brusquedades o groserías y, por ello, es importante saber quitar a tiempo trascendencia a las insignificancias que nos enfurecen y/o escandalizan del prójimo. La vida está compuesta de algunas prudencias y razones y de no pocos errores y desaciertos; por eso es necesario y admite tener cierta facilidad para percibir las debilidades de los demás, y es así como construimos la relativa unión y concordia que nos permite vivir juntos. A este respecto, cabría preguntarse ¿quién ocasionalmente no interpreta un papel, en mayor o menor medida, aunque sea para parecerse a quien desearía ser? El carácter y temperamento de cada uno tiene algo de teatro y la amabilidad es hasta cierto punto una impostura. Y es que hasta el amor, la familia y los amigos son sainetes donde nos zampamos las palabras para preservar los lazos y los sentimientos que nos unen con los demás. La fachada es necesaria, a despecho de lo que la casa de cada uno albergue en su interior y fingir y pasar por alto muchas cosas, no cabe la menor duda que nos hace la vida más fácil.

Hay días difíciles. Todos tenemos algunos. Son aquellos en los que las palabras no sirven para el entendimiento, sino para discutir con quién sea, por lo que sea y las estupideces se vuelven dogmas. Son esos días en los que se nos nubla la razón programada por códigos genéticos y culturales y comenzamos a percibir una realidad filtrada por lentes concéntricas, donde los márgenes nos importan mucho más que el centro de la diana. Tal vez, cuando esos hechos acontecen, la verdad solo depende y se encuentra, cuando somos jóvenes, mirando al cielo en un confortable descanso entre el murmullo de los vaivenes de los pinos o contemplando las estrellas en un solitario desierto. Y, ya mayores, en un paseo solitario alrededor de un lago en algún país lejano reconociendo que vivimos en un lugar que no es el nuestro. Y es que la verdad nunca se puede decir completa, porque no se puede decir todo al mismo tiempo. Ya nos lo advirtió el virtuoso emperador Marco Aurelio, "A la alborada, exponte a ti mismo: me voy a encontrar con un desagradecido, un indiscreto, un insolente, un envidioso, un insociable. No puedo enfadarme ni odiarlo, ni decírselo porque hemos nacido para una tarea común". Así pues, no digamos la verdad, sigamos fingiendo y para ello, cultivemos y practiquemos la paciencia aprendida en la filosofía.

La verdad solo puede ser una, ya que posee una entidad objetiva, indiferente de que la percibamos o no y no permite grados, existe o no existe. Por ello, no admiten términos medios; si bien, de ningún modo se logra la verdad total, ni nunca se está totalmente separado de ella. No obstante, existen diversas formas de expresarla. Y es que la verdad, invariablemente, siempre sigue existiendo; pero, como el dinero sólido, está cada día más devaluada, en menos manos, y cada vez mejor guardada. Tal vez porque la verdad es una antorcha que resplandece entre la niebla de un lejano atardecer, sin disiparla.

Así entiende los EE.UU la democracia, la libertad de prensa y la justicia

El 22 de octubre de 2010, el periodista, editor e informático australiano Julian Assange, a través de WikiLeaks, sitio web de una organización mediática internacional sin ánimo de lucro, hizo público el denominado *Irak War Logs*; es decir, sacó a la luz 391.831 documentos sobre la Guerra de Irak, 90.000 sobre la guerra en Afganistán, 800 sobre la prisión de Guantánamo y más de 250.000 telegramas diplomáticos transcritos en diversas partes del mundo, difundidos desde El Pentágono. Los mencionados escritos proporcionaban significativos y muy palpables detalles de asesinatos y/o ataques aéreos indiscriminados sobre la población civil por parte de Estados Unidos en Irak y Afganistán. Y, asimismo, demostraban las graves violaciones de los derechos humanos con torturas y abusos cometidos sobre prisioneros de las cárceles Abu Ghraib y Guantánamo, e, igualmente, entre otras prácticas, el espionaje permanente realizado al Presidente de la República Francesa, a la cúpula del Gobierno de Japón, así como a la de Alemania e Italia, a los que pinchó durante años sus comunicaciones. La respuesta del Gobierno americano. ante los hechos mostrados en WikiLeaks, fue acusar a Julian Assange de espionaje, afirmando los fiscales estadounidenses que conspiró con la analista de inteligencia militar Chelsea Manning, para obtener información clasificada, cuya publicación suponía un grave peligro de seguridad para los EE.UU. Y se formula dicha acusación, sobre una persona que no está obligada a revelar la fuente de información, que no es ciudadano estadounidense y que no reside en Estados Unidos; o sea, el Gobierno Estadounidense se comporta como si tuviera jurisdicción en todo el mundo para perseguir a cualquiera que reciba y publique información de sus indebidas actuaciones.

Por otra parte, en junio de 2013, a través de los periódicos The Guardian y The Washington Post, el consultor tecnológico estadounidense y ex empleado de la Agencia Central de Inteligencia (CIA) y de la Agencia de Seguridad Nacional (NSA), Edward Joseph Snowden, hizo públicos unos documentos clasificados como alto secreto sobre el programa de vigilancia masiva PRISM. Un programa "clandestino" de vigilancia electrónica mundial operado por la NSA de los Estados Unidos para la recogida masiva de comunicaciones procedentes de, al menos, nueve grandes compañías estadounidenses de Internet. El sistema le habilita a la NSA aprehender correos electrónicos, videos, fotografías, llamadas de voz e imagen, actividad en los medios sociales, contraseñas y otros datos de usuarios incluidos en las principales empresas de internet en EE.UU, que incluyen a Google, Microsoft, YouTube, Skype, Yahoo, Apple, Facebook y algunas otras más.

Asimismo, en julio del mismo año 2013, Edward Snowden, reveló públicamente de forma conjunta, en los diarios The Sydney Morning Herald y Rede O'Globo, la existencia y utilización del programa XKeyscore por parte de la NSA, para la exploración y cotejo de datos en Internet sin consentimiento previo. Este programa permite detectar la nacionalidad de los extranjeros mediante el análisis del lenguaje utilizado en correos electrónicos interceptados y también tiene la capacidad de importar antecedentes de forma retroactiva de varios días atrás. La finalidad es facultar a los analistas a registrar metadatos, contenido de emails, historial de navegación, nombres, números de teléfono, direcciones IP, idioma y determinadas palabras claves de cualquier actividad que hayan efectuado los usuarios en Internet. La utilización de ambos programas por parte de la citada Agencia de Inteligencia del Gobierno de EE.UU, conlleva un verdadero saqueo de la privacidad personal al poder acceder a gigantescas cantidades de bases de datos sin permiso alguno y a la destrucción de las libertades básicas en Internet de la gente de todo el mundo.

Edward Snowden, tras unos cuantos años trabajando en la CIA y en oficinas reservadas y secretas en Berna (Suiza), pasó a la NSA y fue allí donde se dio cuenta de que el gobierno de los EE.UU espiaba a sus propios ciudadanos de forma anticonstitucional por medio de los programas informáticos de vigilancia masiva PRISM y XKeyscore, así como a través de las grandes tecnologías estadounidenses. Al dar a conocer estos hechos que "atentan contra la libertades fundamentales de todos los ciudadanos" a través de diversos medios de comunicación, tuvo que huir, junto con su novia, y refugiarse en Rusia para evitar ser detenido y extraditado a los EE.UU. Actualmente, Edward Snowden reside en la ciudad de San Petersburgo y trabaja para Rusia como analista de sistemas.

Y para finalizar, un nuevo escándalo compromete a EE.UU. El periódico estadounidense The Washigton Post reveló el pasado 6 de abril de 2023 unas filtraciones de documentos secretos del Pentágono acerca de los planes de la Casa Blanca y los Estados miembro de la OTAN relativos a la guerra de Ucrania. Decenas de documentos estadounidenses clasificados como altamente confidenciales, avalados por funcionarios del Pentágono como reales, que circulan ahora por internet, con líneas de tiempo y docenas de acrónimos militares que muestran una imagen pormenorizada de la guerra en Ucrania y facilitan información sobre China y sus aliados. A este respecto, entre la información revelada, se indica la sospecha del departamento de Defensa de EE.UU de que las fuerzas aéreas ucranianas podrían ser derrotadas a lo largo del próximo mes de mayo por un problema de falta de misiles, ya que se evidencia que el despliegue de sistemas Patriot anunciado a finales de año por EE.UU no llegaría a tiempo para socorrer al ejército ucraniano y el plausible envío de cazas F-16, no se considera viable, pues involucraría a la Administración Estadounidense más de lo que ya lo está en la guerra.

Igualmente, los referidos informes y datos, que están constituidos por una serie de 50 documentos difundidos en redes sociales y elaborados en el Pentágono, sede de la inteligencia militar estadounidense, ha ocasionado una conflicto sin igual en lo que va de siglo en los especiales vínculos que Estados Unidos sustenta con varios de sus socios. Ya que los precitados documentos indican claramente que el Departamento de Defensa de EE.UU habría mantenido bajo vigilancia por diversos motivos a Corea del Sur, Canadá, Ucrania, e incluso a Israel. En este contexto, el Departamento de Justicia y la Oficina Federal de Investigación ha iniciado las investigaciones para encontrar el origen de la filtración que, según el mismo rotativo anteriormente citado, parece ser que se encuentra en un joven que trabaja en una base militar. Sobre este particular, algunos otros medios como el Wall Street Journal, quieren creer que se trata de un "solo episodio" y confían que así sea; pero advierten de las consecuencias que podría tener, si aparecen nuevos documentos.

Este pasado jueves, 13 de los corrientes, El FBI ha procedido a detener a Jack Teixeira en la ciudad de North Dighton (Massachusetts), como presunto autor de las difusión de los documentos secretos que han sacudido a Estados Unidos en los últimos días y que alcanzarían a ser los más embarazosos en una década. El fiscal general de EE.UU, Merrick Garland, apareció ante las cámaras en el Departamento de Justicia para informar lacónicamente del arresto de Teixeira, miembro de la Guardia Nacional Aérea de Massachusetts. A su vez, el representante del Departamento de Defensa de EE.UU, Pat Ryder, estima que las filtraciones son un "acto criminal deliberado". Es decir, filtrar que documentos sobre la guerra en Ucrania dando detalles de los planes de Estados Unidos y la OTAN para reforzar la ofensiva ucraniana e informar que Washington ha estado vigilando a varios de sus aliados más afines, como la propia Ucrania, Corea del Sur e Israel, es un "Acto Criminal". En este marco, el joven *Jack Teixeira* afronta la plausible condena de hasta 10 años de cárcel por cada documento filtrado y, dado que transmitió más de un centenar de ellos, es estimable que su supuesto delito pueda convertirse en una condena de más de 1.000 años de prisión

Este es el sentido de ·JUSTICIA" de la Democracia de los EE.UU, Y es que el Gobierno Americano se emplea a fondo en cubrirle el rostro a la mentira para que parezca verdad lo que dice defender, disimulando el engaño y disfrazando los designios y los hechos, esforzándose en hacer posible lo imposible. Tal vez porque el cinismo que practican consiste en hacer ver las cosas NO como realmente son, sino como quieren que las vean los demás.

IA, un futuro inquietante

Los sofistas griegos tenían una inteligencia muy creativa. A partir de un fundamento infundado eran hábiles para crear una construcción lógica prodigiosa, llena de quiebros sutiles entre el sí y el no, con lo que siempre encontraban un resquicio sorprendente para evadirse de los enigmas más oscuros y ofrecer una respuesta razonable. Con la inteligencia artificial parece que ocurre lo mismo o algo semejante; pues las máquinas han iniciado una revolución silenciosa que, por lo visto, presuntamente cambiará nuestras vidas. Y es que hasta hace unos años, la IA solamente consistía en su capacidad para realizar una serie de disposiciones concretas, por ejemplo, que la máquina enunciara una serie de oraciones. Ahora, con el aprendizaje profundo; es decir, con el adiestramiento automático basado en redes neuronales artificiales, lo que se hace es decirle a la máquina que cuando lea o vea las palabras "La nieve es…" sepa decir a continuación "blanca". Se le enseña a predecir esa palabra mostrándole miles o millones de patrones. Y de esta manera se va modelando el sistema con un algoritmo automático hasta que sea apto para elaborar frases con sentido. El prodigio consiste en que cuando se le da una entrada que no forma parte de las plantillas y paradigmas que se le ha enseñado y ha analizado, la IA generaliza y es suficientemente competente para elaborar una extrapolación razonable. O sea, salvando las distancias, utilizan la misma coyuntura y solución que los filósofos retóricos griegos.

En verdad, tal vez, lo que estamos haciendo es crear falsos mundos y llegará un día en el que cada vez será más difícil poder distinguir lo artificial de lo real, como de facto casi ya sucede con el ingenio en línea gratuito **ChatGPT**, un modelo de *chatbot* de inteligencia artificial llevado a cabo en 2022 por OpenAI que se especializa en el diálogo. En este marco, hasta hace pocos años, vivíamos un tiempo en el que internet era solo una herramienta para acceder a muchísima información y el móvil, un teléfono para llamar desde cualquier sitio. Después algunos dijeron que, además de facilitarnos la vida, estas innovaciones tecnológicas nos conducirían a una sociedad más libre, descentralizada, justa, y mejor informada. Pero un día, al levantar la vista de las pantallas, descubrimos que la realidad es casi todo lo contrario, que nos hallamos en un mundo dominado por compañías descomunales, más polarizado que nunca, donde la privacidad está seriamente amenazada e inventos tan fascinantes como la citada inteligencia artificial nos plantea desafíos existenciales.

Y es que estamos viviendo en la era digital y la economía se ha convertido en un juego de gigantes donde los ganadores se lo llevan todo y los perdedores, que somos la inmensa mayoría de la población, nos quedamos sin nada o casi nada. Y, además, cohabitamos en una hiperconectada vida en la que unos pocos dominan y manejan a su antojo los algoritmos, las redes sociales, la robotización, la inteligencia artificial, las criptomonedas, los medios de comunicación, etc., y otros muchos contemplamos con perplejidad unos avances tecnológicos que difícilmente comprendemos. Y que están provocando en la sociedad la quiebra de los consensos básicos, debido a los numerosos y profundos cambios que el desarrollo científico-técnico está produciendo en estos últimos tiempos; lo cual, unido al fuerte ritmo de su avance, está transformando vertiginosamente nuestra sociedad.

Y ante estos continuos y apremiantes retos que nos están llegando, cabe preguntarse, ¿sabemos verdaderamente lo que hacemos con la IA? ¿Está regulada su aplicación mediante algún protocolo internacional de seguridad? De momento creo que no. Y este hecho, según algunos expertos en estas avanzadas tecnologías, puede llegar a generar un grave problema para el futuro de la humanidad. A este respecto, el ingeniero en computadoras y programador Steve Wozniak y el experto en IA, Eliezer Shlomo Yudkowsky, ambos estadounidenses, en una carta abierta publicada recientemente en la revista *Time*, bajo el título "Pausar los desarrollos de IA no es suficiente" han alertado del extraordinario peligro que supone y acarrea su perfeccionamiento y progreso, debido a que las herramientas de la IA han adquirido tal nivel de perfeccionamiento que actualmente están siendo competitivas con los humanos y en un próximo futuro no es descartable que crucen el umbral de nuestras capacidades, ignorándose cómo actuarán si este hecho llegara a ocurrir.

En todo caso, si los filósofos sofistas usaban la herramienta de la retórica como método para transmitir el saber, la IA desvela, como una de las líneas del pensamiento dominante, la fantasía de las bondades de la tecnología; es decir, la idea de que la inteligencia artificial va a ser capaz de administrar todas las cosas del mundo. No obstante, creo que tener la percepción de que el progreso científico y tecnológico puede reemplazar el progreso ético, es un mito peligroso que puede llevarnos a la posibilidad de la autodestrucción de nuestra especie, puesto que las máquinas no tienen conciencia; al menos, de momento. Es por ello, que la primera obligación respecto a la IA es desconfiar de ella; sobre todo, porque la inteligencia artificial no cambia lo que hacemos, sino que puede llegar a modificar la esencia de lo que somos.

Los jóvenes, la política y el 28M

Me resulta difícil hablar de los jóvenes, sobre todo cuando hace ya muchos años que uno ha abandonado esa atapa de la vida. Y además porque la juventud de mi época, creo que era muy distinta de la actual; tanto que prácticamente no se parecen en casi nada que no sea el haber tenido la misma edad en un determinado espacio de tiempo. Y esto último que afirmo considero que no es una apreciación estrictamente personal, ya que escuchando y leyendo en estos pasados días de adelantada precampaña electoral, algunas manifestaciones de varios representantes políticos del arco parlamentario del Estado, sobre la actual juventud, aunque coincidan en determinados y concretos aspectos con mi opinión, no dejan de sorprenderme por el desconocimiento que reflejan sobre la mayoría de los intereses de nuestros jóvenes. Lo cual demuestra, a mi modo de ver, una casi total ausencia de percepción de realidad sobre los, poco más o menos, siete millones y medio de jóvenes que componen este sector de población de nuestro país. No obstante, es preciso matizar que entre políticos y juventud existe una correspondencia biunívoca. Digo esto porque es más que notorio también la gran desafección que, a su vez, siente este colectivo generacional hacia los partidos políticos tradicionales. Y llega a tal extremo su desarraigo, que no es infrecuente ver en televisión a algún periodista preguntando a jóvenes que transitan por la calle por el nombre del presidente del Gobierno y responder que no lo saben o interpelarles por el ministro Gómez Hernández y manifestar que creen que es un futbolista o por Grande Marlaska y decir que es un cantante de un grupo de rock, por citar dos ejemplos. Y no son casos aislados, ni jóvenes desclasados, sino chicos y chicas normales, muchos de ellos universitarios. Y es que tras la crisis financiera mundial de 2008 y la siguiente crisis sobrevenida de la pandemia por la *Covid19*, la parte de la población más afectada en todas las políticas y aspectos, ha sido indudablemente la juventud. Unos jóvenes comprendidos, entre los 18 y 34 años, a los que se les exige responsabilidad y capacidad formativa y, al mismo tiempo, se les niega un puesto de trabajo, lo que conlleva que a finales de marzo de 2021 existiera casi un 40% de paro en este sector poblacional y que, actualmente, la tasa de desempleo entre los menores de 25 años, se haya situado en el primer trimestre de este año 2023, en el 30,03% de la población activa del colectivo, lo que supone un incremento de 0,77 puntos porcentuales respecto al trimestre anterior que era del 29,26%. Y si a estos hechos se le añade que aquellos que consiguen un puesto de trabajo lo hacen y/o alcanzan de forma precaria y mal remunerado, es razonable pensar que los jóvenes de hoy en día hayan asumido, como una certeza inevitable, que ellos van a vivir peor que sus padres y que la palabra "emancipación" sea sinónimo de utopía; puesto que, el elevado precio de los alquileres, la inseguridad laboral y los bajos salarios son factores determinantes que les impide independizarse a aquellos que así lo desean. En este contexto, según los últimos datos de Eurostat (Oficina Europea de Estadística) que corresponden al 2021 muestran que, en España, el 64,5% de los adultos de 18 a 34 años aún viven con sus padres.

Ante esta realidad no me extraña que exista una grave indiferencia por los partidos políticos, al considerar que todos son iguales o parecidos, y un notable desinterés hacia las instituciones, por parte de este colectivo que se resigna ante este negro futuro que tienen encima como si fuese algo que, por mucha rebeldía que empleasen, ellos no podrían cambiar. Sobre todo, porque muchos de los políticos que parecen tener cargos vitalicios, evitan la renovación de los cargos orgánicos y les alejan sistemáticamente de los espacios en los que se toman las decisiones que pudieran modificar sustancialmente sus perspectivas de vida, con lo cual se les fomenta una pérdida de valores y se les excluye de la forma de poder participar en política y en la sociedad. De hecho, el 64% de las jóvenes en España han perdido la confianza en los políticos y apenas uno de cada diez, el 14%, cree que no son capaces de entender sus puntos de vista en los temas que les afectan. Son los resultados de un sondeo de opinión de la ONG *Equal Power Now*, realizada por Plan Internacional a 29.000 jóvenes de 29 países.

Las generaciones jóvenes viven desencantadas y un tanto decepcionadas por las promesas incumplidas y las frustradas esperanzas, ninguneadas por los partidos políticos y casi olvidadas por la sociedad de las que son una parte inherente. En consecuencia ¿qué se debe de hacer con ellas? ¿Qué urdir y proceder para ilusionarles políticamente? ¿Cómo se les puede involucrar en el futuro del país? ¿Está dispuesta nuestra sociedad a asumir que una o dos generaciones carezcan de un proyecto vital…? Tal vez el resultado electoral del 28 M, sea la ocasión para que los políticos dejen a los a los jóvenes planear y tejer su propia juventud. Para confiarles alguna estrategia colectiva que les permita mantener la esperanza de que su futuro no depende de algún algoritmo que convierta sus sueños en una pura y simple metáfora.

Mi prodigiosa máquina del tiempo

Tengo una máquina del tiempo en mi cabeza. No sé muy bien dónde se encuentra, pero sé que en algún lugar la tengo. Ignoro desde cuando, porque una de mis muchas limitaciones es que me resulta casi inalcanzable traer su llegada a mi memoria. Hace unos días, como en otras muchas ocasiones, me encontré con ella y aunque en principio pensé que nunca había estado en la citada parte de mi cuerpo, mi instinto me hizo sospechar que en realidad hace ya bastantes años que habita en algún rincón de mi cerebro; pues me presentaba imágenes, confidencias y sensaciones que ya casi ni recuerdo. Y es que además, al advertirla, tuve un conocimiento inmediato de todas sus funciones; aunque de vez en cuando ella se empeña en contradecirme y refutarme llevándome en todo lo posible la contraria.

A primera vista podría parecer que la más dificultosa de alguna de mis trabas para conocer su actividad, es la paradoja de que según la teoría de la relatividad el tiempo objetivo del período de extensión de un viaje debe ser siempre igual a cero. Es decir, cuando la activo, debo intentar retroceder justamente al momento en que partí y, simultáneamente, efectuar la acción sin destruir la continuidad de mi línea temporal. Pero obviamente realizar esta compleja operación es muy laborioso, ya que el citado tiempo objetivo del viaje es el que marcan el reloj y los calendarios y por tanto medible y cuantificable, mientras que el subjetivo que en principio no tiene límites, es la percepción que de ese tiempo tenemos cada persona, y que en cada caso es diferente. Esto es y quiero decir con ello, que podría pasar una eternidad en determinados momentos de la ida, mientras el regreso, como el de un yo-yo perfecto, fuera el instante exacto del inicio

En cualquier caso, el mayor inconveniente y problema que le encuentro, es que conocer el otro tiempo, el subjetivo del viaje, resulta también muy complicado y trabajoso; pues tiene uno que prepararse largamente para hacerlo y comprenderlo. El necesario para que la propia máquina de percepción del tiempo que tenemos se autoborre o la borremos de nuestra memoria pensando sólo en el viaje. Sobre todo, porque al obtener la máquina su energía de la tensión psíquica del viajero, cuanto más expectante esté uno y más concentrado en la necesidad de viajar, más largo y exitoso conseguiremos que sea el viaje. En este contexto, con el propósito de calcular mi tiempo, he realizado un conjunto de operaciones que sería muy complicado exponer aquí, pues valoran un crecimiento exponencial de las exigencias de energía en función de la duración del viaje, y he llegado a la deducción de que mi tope al respecto ronda el segundo. Es posible que tan exiguo lapso de tiempo pueda parecer poco; pero, si el camino está bien elegido y la concentración es la suficiente para que la propia máquina consiga la energía necesaria para actuar, entonces, ese segundo, tal vez sea el más importante, profundo y potente de mi existencia, al permitirme ver reflejada toda una vida en un instante.

Sin embargo no termina todo aquí, pues hay todavía otro problema añadido. Y es que, del mismo modo en que la máquina sea capaz de autoanularse o la suprimamos de nuestra memoria, es posible también que, como una especie de efecto secundario, se esfume y desaparezca el viaje en sí. O sea, dicho de otra manera, que cabe el riesgo de que ese segundo transcendental y memorable de cada viaje se evapore con gran rapidez. Y con él, la mayor parte del recuerdo en la misma acción de regresar, dejando sólo en nuestra mente lo que queda de un sueño al despertar. De todas formas, aunque disfruto de esta sorprendente y prodigiosa máquina del tiempo y estoy al corriente de todo sobre ella, todavía ignoro si ya he logrado cumplir mi principal proyecto de viaje. Hasta donde sé, tal vez lo haya percibido unos miles de veces y comprendido en algunos cientos de ocasiones o quizás una vez o ninguna, pues me resulta muy complejo reconocer que la máquina del tiempo existe para nosotros, pero puede que no exista para el universo, como afirmó Einstein al exponer y divulgarnos que el tiempo no es absoluto ni constante, sino una ilusión, una dimensión más del espacio-tiempo donde la distinción entre pasado, presente y futuro es solo una convención humana.

Sea como fuere, el tiempo pasa de forma cruel e inexorable y no hay cómo ni forma de pararlo, pues el tiempo continuamente cambia y fluye y a la vez permanece, como nos dijeron Heráclito y Parménides respetivamente en el 500 a.C. Por ello, una prueba de sabiduría quizás consista en agradecer a los dioses la capacidad de ver el mundo solo como un espectáculo y hacerse a un lado para dejar que transcurra sin que nos dañe demasiado, pues el tiempo del viaje es únicamente el desfile de nuestra historia que pasa con su música.

Respetar la dignidad humana, un atributo que va desapareciendo

"Eres un inútil que no sirves para nada". "Mi pareja me ha tratado de una forma que me ha herido". "Temo expresar mi opinión en el trabajo por las posibles consecuencias de mi jefe". Estos son algunos ejemplos que tal vez hemos sufrido y nos provocan emociones que se quedan atrapadas en algún lugar del cerebro y nos hacen sentir mal. A veces son situaciones incómodas, como el trato de soberbia y/o irrespetuoso que hemos recibido. Otras veces son conflictos de mayor magnitud y duración en el ámbito laboral, social o familiar. Pero en todos ellos hay algo en común: sentimos que la otra persona ha cruzado un límite y ha atentado contra nuestra dignidad. Solo si somos conscientes de ello, podremos sanar la herida y, si es posible, construir una relación más sana. Esta es la idea principal que, Donna Hicks, profesora de la Universidad de Harvard, desarrolla en su libro *La Dignidad*. La autora, nos describe como desde el centro en el que trabaja, ha participado activamente en la resolución de conflictos internacionales de países como Sri Lanka, Colombia, Irlanda del Norte, Siria o Libia, entre otros. Es una mujer muy inspiradora. Gracias a su experiencia y a sus diálogos con los actores de conflictos armados, comprendió que no se puede llegar a ningún acuerdo duradero si no se repara el daño hecho a la dignidad del otro. Este criterio fue y es la clave para entender los problemas que surgen en cualquier interacción cotidiana, ya sea con nuestros amigos, familia, en el trabajo o caminando por la calle y tropezar ante un desconocido. Y es que todos, como si viniese impreso en nuestra carga genética, tenemos un anhelo profundo de ser tratados con respetuosa dignidad, solo así nos sentimos bien, bajamos nuestras defensas y damos lo mejor de nosotros mismos.

Por ello, aquellas personas que tienen jefes que no les escuchan, que les tratan casi siempre con cierto grado de superioridad y/o desprecio, probablemente no se atreverán a exponer sus ideas y, en consecuencia, será difícil que puedan desplegar todo su talento. De la misma forma, los que tienen que protegerse constantemente de bromas pesadas con amigos o creen que les rechazan por cómo son, tampoco serán capaces de fluir en dichas relaciones. Ya que cuando la dignidad se daña, se despiertan emociones que influyen en nuestros comportamientos, como son el miedo, el enfado, la injusticia… Además, los neurocientíficos han demostrado que la sensación de exclusión activa en nuestro cerebro las mismas reacciones que el dolor físico. Por esta razón, precisamos ejercitarnos en el tarea de la dignidad a tres niveles: conexión con uno mismo, con los demás y con un objetivo. No obstante habrá que estar atento, debido a que, en ocasiones, la dificultad no está externamente, sino que se encuentra dentro de uno mismo. Pues no siempre nos tratamos cabal y convenientemente bien y en consecuencia, desde ese lugar de nuestro yo, es difícil que otros nos traten de una manera adecuada.

El cuidado de la dignidad, además, se ha de cultivar. No se enseña como materia disciplinar del currículo en los colegios, ni en la universidad, ni en las escuelas de negocio, ni en las empresas, cuando sería un gran remedio ante muchos de los conflictos a los que nos enfrentaremos en la vida actual.

Una forma de practicarlo es, según la investigación de la citada profesora Donna Hicks, revisando los elementos esenciales que definen la dignidad y tener alguna conversación sobre la misma en nuestras relaciones personales y sociales más importantes. En este contexto, es imprescindible que cuando nos sintamos ofendidos por algo, lo hablemos con la otra persona, ya sea por haber recibido un comentario inapropiado de un jefe, de un amigo o de la pareja; pues en la mayoría de los casos, dichas críticas, razonamientos y/o manifestaciones son el resultado de comportamientos inconscientes. Y, por lo tanto, requiere conversarlo con calma, explicando cómo nos hemos sentido y buscando soluciones. Y, en el hipotético caso de que no poseamos la ocasión de exteriorizarlo con la otra persona, precisaremos tener a la sazón un amigo de confianza, con el que podamos revelarnos vulnerables y contarle lo ocurrido; pues, solamente cuando convertimos un daño en palabras, empezamos a superarlo.

Y todo ello sin dejar de lado lo más importante: nuestra dignidad. Dado que ésta no depende de lo que los otros hagan, sino que es un atributo inherente a cada uno de nosotros. En relación con esto, hay que tener presente que la dignidad es distinta al respeto; puesto que, mientras aquella es un derecho con el que se nace, el respeto se ha de conquistar y no todos las conductas logran y consiguen ser respetadas. En este sentido, no vendría mal que se lo aprendiesen los políticos y las élites económicas dominantes y comprendieran que la clase trabajadora tiene más necesidad de respeto que de pan. Pero, al parecer, en nuestra actual sociedad mundial, la dignidad de la vida humana y el respeto hacia las personas no estaban imaginados, contemplados ni previstos en los planes de globalización, pues en ellos ha desaparecido el respeto a la dignidad. Y así nos va…

China, en busca de la hegemonía mundial sin prisa, pero sin pausa

Vivimos tiempos difíciles. La guerra de Ucrania ha ocasionado, tras la pandemia, un vuelco global en las pacíficas relaciones que se desarrollaban entre los diversos Estados europeos y Rusia y entre ésta y los EE.UU que, liderando la OTAN, apoya abiertamente a Ucrania ante la agresión de Vladimir Putin. Nadie sabe bien cómo ni cuándo finalizará el conflicto que comenzó el 24 de febrero de 2022; aunque las opiniones más generalizadas dicen que puede alargarse años. Si bien, la reciente insurrección del grupo Wagner, liderado por Yevgueni Prigozhin, que tras declararse en rebeldía ocupó la ciudad de Rostov en el Don y envió cuatro columnas hacia Moscú, es un imprevisible acontecimiento que pone en graves dificultades al presidente Putin, por las posibles consecuencias que dicha insurrección pueda llegar a tener en un cercano futuro.

No obstante, no todos los países están involucrados directamente en la guerra ruso-ucraniana, ni consideran que la fuerza de las armas sea la única solución al conflicto. Ni tampoco son los altermundialistas, esos movimientos sociales que se oponen al capitalismo neoliberal y a sus nefastas consecuencias, los que están demostrando que otro mundo es posible, sino los comunistas chinos, que tienen un sistema político escasamente liberal, una economía nada anticapitalista, pero sobre todo una visión del mundo poco apegada a la tríada revolucionaria de la libertad, la igualdad y la fraternidad. Así lo ha evidenciado el reciente viaje de Xi Jinping a Moscú para entrevistarse con Putin y proponerle un tratado de paz con Ucrania, y el anteriormente realizado por los Emiratos Árabes Unidos, Ruanda, Senegal y Sudáfrica, con el objetivo de pretende destruir el orden internacional establecido tras la Segunda Guerra Mundial y construir uno nuevo basado en la propia hegemonía China. En este mismo contexto, la Nueva Ruta de la Seda es el nombre que recibe el ambicioso proyecto de China para crear una red de infraestructuras que conecte a más de 60 países de Asia, Europa y África, con una inversión estimada de un billón de dólares. Se trata de una iniciativa que busca replicar las antiguas rutas comerciales que unían a Oriente y Occidente, pero adaptándolas al siglo XXI con modernos ferrocarriles, puertos, carreteras, gasoductos y redes digitales. El objetivo de China es, como comentaba anteriormente, expandir su influencia económica y política en el mundo, así como diversificar sus mercados y fuentes de energía.

Los EE.UU parecen no tener interés en África. Y China, en cambio, aprovecha esta coyuntura y lleva puestas las luces largas. De hecho, ya es el primer socio comercial del continente africano en su conjunto, con un volumen de intercambio que supera los 200.000 millones de dólares anuales. También es el primer vendedor de armas, con una cuota de mercado del 17%. Y quiere ser el primer inversor en infraestructuras en este continente, organizadas según el proyecto de la Nueva Ruta de la Seda, para convertir a China en el centro del mundo. Y, además, lograr ser también el primer socio industrial, lo que significa no tan solo inversiones directas, sino también deslocalizaciones de mano de obra. No en vano el continente africano tiene la reserva de brazos jóvenes más importante del planeta, con una población que se espera que se duplique para 2050.

Y es que, China, con su impresionante desarrollo en todos los campos, se ha convertido en un auténtico dolor de cabeza comercial para EE.UU, y en buena medida para Europa. Y aunque participa y defiende todavía el orden internacional establecido al final de la II Guerra Mundial, no se considera ni bien representada, ni políticamente comprometida en una arquitectura de la que no fue socio fundador. De ahí que observe con satisfacción el deterioro occidental y vaya situando las piezas claves para levantar un orden alternativo, abiertamente chinocéntrico en el sistema jerárquico de las relaciones internacionales.

Y para ello, cuenta ya China con una institución regional de cooperación como es la Organización de Shanghái, en la que participan China, India, Kirguistán, Kazajistán, Pakistán, Rusia, Tayikistán y Uzbekistán, un banco para infraestructuras y un megaproyecto de negocios y transacciones integrales dedicado y dispuesto a posibilitar sus relaciones con el planeta entero, a título de superpotencia central y hegemónica de los tres continentes: Asia, Europa y África. En este sentido, tras el éxito diplomático obtenido por Xi Jinping en la reunión mantenida en el pasado 2020 con los jefes de Estado de los BRICS (Brasil, Rusia, India, China y Sudáfrica) en Johannesburgo, se puede aventurar que China está ganando la partida en África a las antiguas potencias coloniales europeas y al inhibido EE.UU y otro tanto en América Latina. Seguramente no nos gustará a los europeos lo que China construye y tal vez algún día añoremos el viejo mundo que va desapareciendo; pero será americana y europea la culpa por no ser capaces de construir otro mundo nuevo mejor en el que quepamos todos y podamos respirar libremente.

El 23J no sea un hooligan, vote con cabeza

La contundente derrota de la izquierda el pasado 28 de mayo en las elecciones autonómicas y municipales españolas, ha tenido como efecto reabrir el debate en los grandes medios de comunicación para intentar explicar el misterio de por qué el electorado ha votado mayoritariamente a los partidos políticos que más atentan contra sus propios intereses. Y es que resulta verdaderamente chocante que incluso en barrios populares haya ganado el partido que más desmantela la educación y sanidad pública, que más recortes sociales practica, que más vulnera los derechos laborales, que más conculca el acceso a la vivienda y que más casos de corrupción ha tenido desde que vivimos en democracia. A este respecto, los ciudadanos han castigado en las urnas a los únicos partidos que han hecho algo, aunque aún sea poco, por mejorar sus vidas; es decir, cual masoquistas, han votando a favor de los partidos que más les van a perjudicar con sus previsibles políticas de gobierno si vencen en las próximas elecciones del 23-J, privándoles de derechos económicos y sociales adquiridos. Y digo que esta acritud del electorado es incomprensible, porque no se me ocurre peor forma de castigar a la izquierda progresista gobernante, ni mejor manera de perjudicarse a uno mismo, que votando a la derecha y ultraderecha. Desde mi punto de vista, me parece que no tiene sentido votar a quienes ya han demostrado sobradamente cuando gobiernan que no defienden sus intereses y que van progresivamente quitándoles los citados derechos adquiridos. Parece elemental esta argumentación, y es por ello que a mí me resulta difícil juzgar lo que piensan muchos de mis compatriotas a la hora de votar. No estoy hablando de las personas que discrepen de mis opiniones, lo cual siempre es legítimo y respetable; ni, por supuesto, tampoco aludo a los acomodados burgueses de las clases más pudientes, que votan a la derecha porque protege sus intereses. Sino que me refiero a esa clase media, trabajadora y obrera que votan sistemática y/o coyunturalmente a partidos que cuando gobiernan practican políticas que les perjudican. En relación con esto, los datos de los recientes resultados electorales del 28-M están ahí y son bien claros y es evidente el auge de la derecha y ultraderecha. Y si aceptamos que las clases más humildes son mayoría y las clases opulentas son minoría, ¿cómo se entiende que los partidos más votados sean precisamente los que respaldan los intereses de las minorías? No lo entiendo, así que no me queda más remedio que deducir que hay causas más profundas que los errores cometidos por la izquierda, que indudablemente los ha habido, para explicar este extraño comportamiento de muchos conciudadanos.

Qué duda cabe que cualquier Gobierno se desgasta con el ejercicio del poder y nada es más lícito que desear un cambio. Pero cuando el rechazo hacia ese Gobierno y hacia su Presidente cobra la intensidad de una fobia. Cuando personas por lo común razonables se obstinan, sobre todo con un argumentario sin fisuras, en la negación de la toma de algunas medidas beneficiosas para el conjunto de la ciudadanía por parte del Gobierno. Cuando muchos ciudadanos se manifiestan y conducen de manera visceral contra los partidos y pactos progresistas de izquierda, y de una manera incondicional, indulgente y casi complaciente ante las coaliciones que ya ha constituido y/o está formando el PP con la ultraderecha de VOX tras el 28M, en comunidades autónomas, ciudades y pueblos, habrá que pararse a pensar en cuáles podrán ser las razones y las futuras consecuencias de semejante actitud y posicionamiento de esa masa de electores que les vota.

Y es que estamos viviendo una época tan desconcertante que hasta las formas más lunáticas del extremismo se han vuelto aceptables para gente en apariencia juiciosa que hasta hace no mucho las habría rechazado y en poco tiempo lo inconcebible lo están convirtiendo aceleradamente en norma.

Se dice con frecuencia que no hay nada más contradictorio que un obrero de derechas. Y en las actuales circunstancias un considerable número de trabajadores votan a la derecha. Tal vez, porque hay un temor infundado en el subconsciente colectivo de abundantes grupos o capas de población trabajadora sobre los inmigrantes que hábilmente propaga la ultraderecha: "vienen a robar tu empleo". Y digo infundado, porque según todos los estudios científicos, el inmigrante que llega ocupa los puestos de trabajo que nosotros no queremos. Y, además, de aquí al 2050 en España nos harán falta 10 millones de inmigrantes si queremos que pueda pagarnos el Estado las pensiones, Por ello, no estaría mal que algún cerebro de la izquierda española se le ocurra una buena contraprogramación con mucha épica para contrarrestar las sandeces que sobre este colectivo migratorio nos lanzan la derecha del PP y la ultraderecha de VOX, que permita iluminar de nuevo al electorado progresista en estos tiempos de oscuridad.

La derecha y ultraderecha es cada vez más predominante en Europa, incluso retorna el fascismo en algunos Estados, si bien bajo los modos y maneras del siglo XXI. En consecuencia, si se quiere cambiar la tendencia que marcan las encuestas, en las próximas elecciones del 23J, se necesitará que los partidos de izquierdas propongan al electorado acciones concretas si gobiernan, mucha coherencia, cuantiosa ejemplaridad, inconmensurable ética, ofrecer a los jóvenes que aspiran a un significado vital algo más que un salario mínimo para sobrevivir e inagotable persistencia y que el electorado al depositar su papeleta reflexione mínimamente lo que se juega con ella.

Porque en verano fuimos, somos

El verano es equivalente a vacaciones para la mayoría de la gente. Unos lo aprovechan para volver al pueblo en el que nacieron y reencontrarse con familiares y amigos, otros para desplazarse hasta la playa o ir a la montaña. Para mí, tal vez debido a algún maléfico algoritmo surgido en mi cerebro por las altas temperaturas de estos días, es sinónimo de nostalgias en las que el ocio ocupa mi tiempo, se adueña del espacio en el que vivo en esta época del año y la quietud es el puro disfrute de unas presencias que surgen de mi memoria una y cien veces de manera espontánea. Y es que asocio con frecuencia el verano a mi lejana adolescencia en aquel territorio al sur del Atlas, nadando con mis amigos en las frías aguas del azul océano, jugando cerca de la orilla en la kilométrica y casi desértica playa, explorando las dunas generadas por el viento del desierto que hasta allí llegaba o tumbado en la arena arriesgando la piel sin crema protectora al implacable sol, pues en ese entonces no producía cáncer o al menos, así se pensaba y lo creíamos todos.

Aterrizaba en la playa nada más finalizar el curso y en esa atmósfera festiva, divertirme con mis amigos era mi primario objetivo. Durante esos meses de verano, las mañanas de cada día eran una aventura, una sorpresa, un regalo lleno de mágicos y felices momentos en los que aprendí a vivir el presente, a valorar lo sencillo y a compartir lo bueno junto a mis inseparables y leales compañeros. Allí, en aquellas doradas arenas, entre risas y bromas, haciendo carreras, saltando desde lo alto de las colinas, buscando fósiles en las escarpadas estribaciones acantiladas o conchas marinas en la orilla, nos hicimos más fuertes, más libres, más nosotros y nos enamoramos del verano, del mar y de la vida soñando juntos.

Evoco un tiempo que vibra con las voces del pasado, que tiñe de luz las siluetas del presente y se funde con los recuerdos para evitar perderse en la niebla del olvido. Una época, un espacio y un lugar que afloran a mi mente desde algún ignoto rincón de mi cerebro. Una etapa y un proceso que arrastra consigo latidos, miradas, sueños, sentimientos. Y en el que los tiempos se vuelven puentes de esos que se cruzan y te transportan y cuando despiertas traen al presente las reminiscencias, recomponen y organizan las huellas de un lejano verano acaecido y olvida que olvidaste. Y es que el tiempo no aguarda, no añora; seduce, oculta, apena; pues el tiempo no piensa, solo sigue su camino.

Era también en esa época del año en la que acometía en mi casa, en las interminables tardes de verano, las lecturas que me trasladaban a mundos supuestamente mejores por medio de la divagación y del ensueño y en el que la imaginación suponía una forma de conocimiento. A veces, aparcaba el libro y me quedaba absorto observando la danza silenciosa de las motas de polvo convertidas en puntos de luz de un rayo de sol que atravesaba la penumbra en una siesta. En otras ocasiones, bien solo o junto con mi hermano, salía de casa ya al atardecer y caminando o en bici nos perdíamos por el paisaje cambiante del Lucus recorriendo sus extensos meandros que nutrían la frondosa y rica vega y donde se mezclaban las aguas dulces del

Rif con las salobres del Atlántico. En aquellos recorridos, si había pleamar, no era infrecuente ver pescar sargos y lubinas y al caer la noche, hasta anguilas que regresaban a casa guardando todos los secretos que sobre ellas, sabemos que no sabemos.

Algunas noches, en compañía de mis padres y hermano, después de cenar, subíamos a la azotea de la casa y mientras ellos, sentados en unas confortables butacas de bambú y enea, charlaban tomando café, yo, tumbado en una hamaca soñaba despierto contemplando las estrellas. Allí, en aquel compacto silencio nocturno, me sentía libre, feliz, vivo y observando la luna y la luz fosforescente que procedía de algunos planetas y las lejanas galaxias me di cuenta por primera vez, de lo pequeño e insignificante que era y de la inmensidad del universo.

Así eran mis veranos de juventud, llenos de contrastes y emociones, de experiencias y aprendizajes, de amigos y libros, de océano y río. Unos veranos que se quedaron grabados en mi memoria con la fuerza de un tatuaje indeleble, que me acompañan especialmente en esta estación del año y que me hacen sonreír y llenan de ternura cuando los evoco. Unos veranos que me enseñaron a disfrutar de la naturaleza, de la cultura y de la vida. Unos veranos que, aunque ya no volverán, siguen siendo parte de mí, mientras recuerde hasta dónde puedo recordar

La madeja del tiempo en que vivimos

La sociedad ha cambiado profundamente en estas últimas décadas. La solidaridad se ha esfumado. El mundo está más agitado y sacudido que nunca por conflictos de invasiones, de guerras y tragedias climáticas. Nos enfrentamos a más urgencias y los egos han salido más que nunca a relucir. Nuestra sociedad ha perdido casi todos los referentes morales y de autoridad que teníamos hasta hace pocos años. Y con estos hechos y ante estos escenarios, creo que vamos caminando demasiado deprisa hacia una humanidad cada vez más alienada. Ya lo intuyó el psicólogo social y filósofo humanista Erich Fromm en su breve ensayo *La condición humana actual*, en el que nos advertía de que las sociedades modernas requerirían un determinado tipo de hombre para funcionar, un individuo autómata y enajenado. Y tal vez no le faltase razón, pues las personas nos estamos convirtiendo, cada vez más, en unos individuos robotizados que, a su vez, fabricamos unos robots que actúan como personas, tal y como ocurre con *Ameca*, el robot con forma humana más avanzado del mundo o con el ya famoso *ChatGPT,* la aplicación de inteligencia artificial desarrollada en 2022 por OpenAI y más recientemente, con el *Worldcoin* , un ambicioso proyecto de criptomoneda única que pretende utilizar el reconocimiento de iris de las personas como identificación. En este sentido, todo apunta a que la tecnología ha dejado de ser un instrumento para convertirse en nuestro guía y este suceso nos lleva, a mí parecer, al desastre, a un peligro real del que nos están advirtiendo sus propios creadores. Y, a su vez, a una vida sin sentido que se manifiesta actualmente en la cultura europea tomando carta de naturaleza el nihilismo, el más inquietante de los huéspedes, como lo definió Nietzsche; pues es la constatación de que no hay nada que pueda servirnos verdaderamente como fundamento u horizonte de futuro, ya que nada, en el fondo, tiene sentido.

Nos hallamos además en una época y en un mundo virtual inmersivo que nos promete una realidad cada día más irreal e individualizada. El metaverso de Facebook es un claro ejemplo de ello, por lo que significa de adentrarnos en una ficción absoluta; es decir, en un individualismo sin individuos. Y es que cuando determinadas políticas, prácticamente hacen desaparecer del currículo académico la base filosófica de las ciencias del espíritu; o sea, la música, la historia, el arte, la teología etc. En dos palabras, la cultura clásica, aquella que nos ha permitido y nos proporciona recursos a los humanos para conocer mejor a los demás y a nosotros mismos, consiguen que el mundo se vuelva más pequeño y la mente de los individuos más limitada. Unas medidas políticas con las que los gigantescos poderes económicos pretenden, desde mi punto de vista, domesticarnos desde pequeños sin más y directamente en la cultura de la ficción, la producción y el consumo. O sea, dirigirnos hacia un horizonte sin imaginación, ausente de sentido y sentimientos, en el que solamente interesa la monetaria rentabilidad económica de la existencia.

En este contexto, ha hecho asimismo fortuna en nuestra sociedad la idea de que el mal es irradicable e inherente a la especie humana. Quizás porque en una sociedad atomizada la responsabilidad siempre es del otro o, tal vez, porque hemos convertido el mal en un lado oscuro que no tiene nada que ver con nosotros. Y es que cuando se retrasmite de forma repetitiva unas determinadas imágenes por televisión que pueden afectarnos psicológicamente, como fueron los salvajes bombardeos norteamericanos con bombas de napalm en Vietnam, el ataque terrorista del 11S a las Torres Gemelas de New York, los devastadores efectos de la política de los Estados Unidos y las naciones aliadas occidentales en las guerras de Irak, Siria, Yemen, Libia, Somalia y Afganistán o es la cruel e irracional invasión Rusa sobre Ucrania, se consigue insensibilizar a la población y semejante horror se convierte en un espectáculo que contemplamos casi impasibles porque está a considerable distancia de nuestros hogares y aparentemente no nos afecta. Nos lo explicó Kant cuando dijo: "Al ver un mar en tormenta de lejos puedes disfrutar de ello, cuando lo sufres no tiene el mismo efecto". Y tal vez nos ocurre esto en estos tiempos, porque hemos generado mucha conectividad, pero también mucha separación y, este hecho, anestesia de manera notable al individuo y a las sociedades en las que vivimos.

Por lo tanto, creo que es necesario recuperar los valores humanistas y éticos que teníamos, para que nos ayuden a vivir con dignidad y solidaridad. Principios como la justicia, la paz, el respeto, la tolerancia o la compasión. Ideales que nos permiten reconocer al otro como un ser humano igual a nosotros y no como un objeto o un enemigo. Comportamientos que nos inspiren a buscar el bien común y no solo el beneficio personal. En conclusión, pienso que estamos ante un gran desafío personal y colectivo que requiere de nuestra responsabilidad, de nuestra conciencia y de nuestra voluntad, para cuestionarnos y hacer frente a la globalizada, cambiante, hipócrita y consumista sociedad en que vivimos, la que estamos construyendo y la que dejaremos.

Luna llena del penúltimo día de agosto

La constelación del can o del perro asoma en el cielo nocturno de España entre el 15 de julio y el 15 de agosto. Habitualmente, es en esta fase del estío cuando la llamada canícula del verano se impone de forma inexorable. Sin embargo, en este especial año que atravesamos, las sucesivas olas de calor han sido y están siendo casi la norma general de este período vacacional excepcionalmente caluroso que nos ha demostrado la realidad del cambio climático. Y es que ha hecho y hace tanto calor y soportamos un sol tan abrasivo, que en muchos rincones de Cataluña y España han sonado la freiduría de chicharras y en los barrancos y descarnadas rieras la sequía ha logrado hacer jadear a la arrugada tierra dejándola con la boca abierta en espera de un agua milagrosa que no llegaba.

Con este desolador panorama, acabo las vacaciones con la misma desgana con la que me iría de una casa de campo en la que hubiera pasado el estío, con esa indolencia antigua y toda la lentitud y anchura que tienen los recuerdos veraniegos de la infancia. Quizás por eso, para guardar y edulcorar mejor las presencias y añoranzas, ayer, penúltimo día de agosto, a media tarde, cuando ya había caído la solana y comenzado la marinada, salí a caminar siguiendo un sendero que va sorteando fincas hasta llegar a una casi solitaria playa donde el mar ofrece un refugio tranquilo lejos del bullicio de la playa de la Ardiaca.

Me tumbé sobre la arena y al cabo de un breve rato surgió una pequeña esperanza. El cielo se tiznó de un gris prometedor. Miré las nubes con el anhelo de una inminente descarga que aplacara el casi insoportable calor que padecemos, pero lamentablemente no llegó el agua. Apenas cuatro gotas, las justas para dejar salpicada la arena, mojada levemente mi cara, algunos diminutos charcos en la vereda y ávido el corazón en un bostezo similar al de la desgana.

Pasada la decepción de la lluvia, al cabo de unas dos horas, inicié el retorno agradeciendo la rara armonía de la tarde, viendo sonreír picaronamente al sol que parecía bailar acariciado por las cercanas crestas de la sierra de Llabería, mientras se aproximaba al diario ritual de esconderse tras sus montañas. Caminaba en silencio, sin mirar atrás, musitando para mis adentros, el mes se acaba. Y con él, la dilatada tarde estival cubierta primero de grises y luego de azules celestes y verde amarillos que el otoño anunciaban. Al llegar a la desembocadura de la riera de Riudecanyes había aún una luz intensa. Ni una nube en el horizonte. Un tenue silencio y serenidad en el ambiente. Invitación para continuar el apacible paseo por la orilla de la playa. Sed de agua en el litoral sur Mediterráneo del Baix Camp, junto a tanta agua salada. Sed de vida. Sed y esperanza de que llegue un otoño lluvioso y benéfico que renueve la vida y la alegría en estas tierras abrasadas por el anómalo estío.

Todo cambia en estos finales días de mes y se acomoda al dudoso progreso y al salvaje desarrollo del ocio veraniego en esta zona de la Costa Dorada. En el camping Joan, inmutable testigo del ir y venir de la gente en sus entrañas, se veían rápidas despedidas. Varias familias organizaban la marcha y lo abandonaban hasta el año que viene con nostalgia en la mirada.

Cerca de unas palmeras que adornan la playa, unos jóvenes lloraban semiescondidos; tal vez, por la forzosa e irremediable rotura de un iniciado amor de verano que se les acababa. Se abrazaban con fuerza y se miraban a los ojos buscando un consuelo que aparentemente no hallaban. Es de suponer que eran conscientes de que el tiempo había llegado a su fin y con él que su sueño de amor se agotaba. Contrastes de sentimientos llenos de desencantos, ilusiones y esperanzas.

El cielo se había teñido de naranja y unos tenues y postreros rayos de luz acompañaban, por momentos, el rumor de la vida y el de las olas de la playa. Seguía caminando en silencio por el paseo Marítimo cuando, de pronto, llegaron los negros y veloces vencejos revoloteando sobre el comenzado ocaso. Chirriantes, ebrios de los últimos rayos de luz, llenos de vida y libertad, alzando su vocerío para eclipsar al silencio. Una docena de ellos subían y bajaban por el cielo, chillando como en una boda, capturando los insectos. Prodigiosos animales los vencejos. Portentosa es la vida, y mágicos han sido los pasados días veraniegos.

Es fascinante la luminosidad del estío cuando se acerca hacia su ocaso. Seduce con unas noches que nunca empiezan o comienzan tan pronto que aún es de día. No obstante, poco a poco fue cayendo la tarde, llegando la oscuridad y, como si fuera un milagro, apareció la luna llena del penúltimo día de agosto Miré nuevamente al cielo buscando alguna rezagada perseida y pedí un deseo, mientras la luna, como en la *Canción del Pirata* de Espronceda, en el mar rielaba. Y es que la vida es corta y se nos pasa mientras se desean cosas. Tal vez, mañana o pasado llueva.

Últimos días de verano que ya saben a otoño

La melancolía que invariablemente nos acomete cuando se acerca el otoño, no es otra cosa que la tristeza que sentimos al contemplar el estío que se nos escapa; al mismo tiempo que metáfora de la vida que camina ya sin freno hacia el final. Y es que cuando uno va llegando a cierta edad y se encuentra metido de lleno en el declive de su historia, el futuro es un horizonte escaso e incierto. Y tal vez por ello, como consecuencia del inexorable efecto que tiene el paso del tiempo sobre los objetos que me rodean, sobre las personas que me acompañan y también sobre mis propios sueños, cuando llega el otoño, los días se me van tornando más cortos, la luz se vuelve más lánguida y una cierta pereza se instala en mi cuerpo.

No obstante, la vida es una permanente sorpresa donde lo único seguro, además de la muerte, es que no hay nada seguro. Y eso me ocurre en este estrenado septiembre al contemplar en algunos de estos pasados días, el brillo dorado de unos sorprendentes atardeceres, inesperados, vertiginosos y casi súbitos, que me han pillado desprevenido y me han hecho mantener la indudable sensación de que aún me queda bastante tiempo. Seguramente por eso, cuando la tristeza otoñal apunta insidiosa hacia mi mente busco un efecto placebo y me enfrasco en la lectura de algún libro inédito de entre los muchos que tengo pendientes de la larga lista que voy haciendo y/o salgo por la ciudad a dar un paseo para sentir de nuevo palpitar el corazón en su seno.

Salgo pues, hoy, a caminar y casi de golpe han regresado olvidados sentimientos. Atravieso la pasarela. Penetro en los Camps Elísis y mientras recorro su desierto paseo, reparo que sus árboles descansan calmosos mostrando su armonioso esqueleto y que desprenden un rudo perfume, un aroma a hierbas y tomillo macerados con orines de perros. Descubro con tristeza el verde espacio que en sus entrañas cobija los descuidados jardines y unas fuentes huérfanas de su valioso elemento. Hace ya años que este placentero espacio perdió su frondosa y acogedora alegría y en él no se ve corretear ni jugar a los niños, ni a jóvenes madres dar una vuelta impulsando el carrito para adormecer a su hijo, ni a los ancianos charlando en sus bancos reviviendo otros tiempos. Hoy, en él, únicamente he visto abandono, he sentido amargura y un hondo y penetrante silencio, como si se hubieran muerto.

La luz de este cercano otoño desde el Pont Vell, llena de magia la belleza de la piedra de la Seu Vella erguida sobre la colina que envuelve la ciudad. Indíbil y Mandonio, los caudillos iberos, ilergete uno y ausetano el otro, que lucharon por la independencia de sus respectivos reinos, frente a Roma y Cartago, trayendo a la memoria sus recuerdos, me saludan a mi paso como si fuera un antiguo guerrero. En la Plaza de Sant Joan, que en estas fechas y a estas horas es un hervidero de gente, unas cuantas personas sentadas en las terrazas de las cafeterías, conversan animadamente y miran como el público entra y sale de los comercios, mientras la enorme *Silvestra*, la campana de la Seu Vella, da la hora haciendo retumbar el aire del cielo.

A las puertas de la fachada de la Paeria se ha detenido el tiempo, unos ancianos sentados en el "banc del sinofós", siguen arreglando el mundo entre ellos. En la Capilla de Sant Jaume, Peu del Romeu, dedicada originariamente a la Virgen de las Nieves, un pobre viejo apoya su cuerpo y su cabeza en la pared del carrer Major al tiempo que pide limosna con la mirada perdida mirando hacia el cielo. La bondad parece desbordar sus ojos. Y tal vez por eso, unos niños que transitan junto a sus padres, con sus escolares mochilas a cuestas, se acercan, por un instante le observan, y le dejan unas monedas sin comprender lo que le pasa al desdichado viejo. Y es que la vida, en muchas ocasiones, parece responder a un guión escrito sobre nuestra cuna y llamamos casualidad al fruto del azar y no a las causas que a ese estado de indigencia le condujeron. En el Institut d'Estudis Ilerdencs, hay varias exposiciones, una de ellas, *"Joan Oró, a la cerca de l'orígen de la vida"*, nos muestra algunos de los más relevantes hitos conseguidos por el mundialmente famoso bioquímico lleidatá, nacido en el barrio de La Bordeta, que participó en los Programas Apolo y Viking de la NASA y cuyas investigaciones, plasmadas en la teoría de la Panspemia, y posteriores descubrimientos fueron clave para comprender el origen de la vida en nuestro planeta.

Durante el resto del paseo, miro, me fijo, escucho atento y pienso con un temor no retórico que me encuentro en un espacio diferente. Y es que llega el otoño y aunque hay todavía mucha gente en la calle, la luz de la tarde se ha vuelto silenciosa. Y hay instantes que el Turó de Gardeny tarda tanto en digerir la puesta infinita del sol que parece que lo puede vomitar en cualquier momento. Va cayendo el día. Una gran paz llena de armonía estos soplos de tiempo y mis pensamientos toman los colores del ocaso en el firmamento. Regreso a casa. Enciendo el televisor. Afuera comienza la noche y late como un fantasma, el cielo es ahora un rectángulo sin pájaros ni estrellas. No hay moraleja, amenaza lluvia.

Un otoño atrapado en el recuerdo

Uno de los muchos recuerdos que guardo de mi primera adolescencia en el internado Marista en la meseta, en el que estuve dos largos cursos escolares sin ver a mis padres, es que la época del frío empezaba en la primera quincena de octubre, tras las fiestas de San Mateo, patrón de la ciudad. El tórrido verano dejaba aquellas tierras al baño maría, los campos segados, la vegetación reseca, el poderoso y prepotente río Pisuerga que atraviesa la ciudad con un mermado caudal de agua y las caras de las gentes ablandadas de tanto calor. Y era en esas fechas, cuando de improviso, una tarde de un día cualquiera, a esa hora entre dos luces en que la tierra y el cielo se confunden en el horizonte, sentíamos un escalofrío al tiempo que una oscuridad neblinosa que subía desde La Esgueva, el otro río que la atraviesa, traía nubes moradas y un aire polvoriento cargado de electricidad y silencio. La sacudida de ese estremecimiento era el aviso de que la temporada del calor tenía los días contados y que la época del frío llamaba a la puerta. Procedente de Galicia, padecíamos el primer temporal de lluvias a la manera de un punto y aparte definitivo del estío. En el colegio, pasábamos de golpe a sacar la ropa de invierno para soportar el incipiente frío. Y los domingos, cuando salía a dar un paseo por la ciudad con los compañeros, comenzábamos a percibir el olor a carbón y leña quemada que inundaba la capital, al tiempo que los humos de las chimeneas empedraban de hollín el cielo.

Parece que hable de un tiempo que no es el nuestro y de un territorio extraño o un país lejano, pero esto sucedía hace, tan solo, sesenta y pico años. Hoy, lo que los afectados y pedantes llaman la estación de los baños suele comenzar a finales de abril y se prolonga hasta mediados de octubre, fechas en las que todavía se ve a gente remojándose en las playas, si bien son ya pocos. Y es que el cambio climático y el aumento de las temperaturas han desconcertado a la meteorología que aprendimos de pequeños. El cuerpo y la cabeza, fiduciarios y memoria de un tiempo estable y armónicamente dividido en cuatro estaciones del que gozábamos en aquella época, va de capa caída y ha pasado a mejor vida de forma acelerada en estos últimos años.

En aquel entonces, la época del frío más recio llegaba tras pasar la festividad de Todos los Santos y el siempre agradable veranillo de San Martín. A partir de esas fechas, el otoño regaba el país y comenzaba a recluir a la gente en sus casas. Era el preludio de un invierno que sonaba a Navidad mientras la nieve y el hielo congelaban las tierras de la meseta, gran parte del solar patrio y casi Europa entera. Al comenzar el año nuevo, no había nada más confortable que tomar el sol de mediodía durante las calmas de enero que producían las altas presiones atmosféricas. Después, la impredecible primavera, de una manera u otra, nos trastornaba a todos los seres vivos y el verano, casi por antagonismo, acababa con su madurez sepultándola durante el día al compás de las cigarras y de los grillos por las noches. Sin embargo, la actual realidad, si bien aún se muestra esta clásica división, nos indica que el reloj biológico que sincroniza nuestros cuerpos y cerebros con la madre naturaleza de la Tierra, se ha desquiciado y el tiempo se nos presenta como un impertinente catacaldos.

No obstante, a pesar de la certeza de que caminamos de mal en peor, hay matices y presencias que todavía no han cambiado. Me refiero a determinadas particularidades de la naturaleza relacionadas con el movimiento pendular del clima. Una de ellas, que yo uso para no perder la esperanza de que la temperatura media global no supere los 1,5 °C tan temidos que haría el cambio climático prácticamente irreversible, es la presencia de la última mosca. En aquella época de mi internado, cuando llegaba el frío, las moscas se refugiaban en las aulas del colegio y supongo que igualmente en las casas. Aquellas negras moscas, algo torpes, que se estrellaban contra los cristales y que pensaba, de tan gordas que eran, que les costaba volar, constituían y formaban parte de un enjambre del que se iban muriendo y cuyos cadáveres, panza arriba, barría metódicamente cada jornada el Hermano Segundo. Finalmente, al cabo de unos días, solamente quedaba una. La última mosca. Era la más grande y solía zumbar en el marco de la ventana que había junto a la pizarra. La miraba curioso, a veces, hechizadamente embelesado y allí se quedaba hasta que exhausta caía al suelo sin poder levantar el vuelo. Desaparecida la última mosca de muerte natural, quería decir que el invierno había llegado en serio. Por la noche, acostado en el frío y largo dormitorio colectivo del internado, el vaivén de murmullos de la mosca, se imponía, tras las oraciones, a la vigilia de mis pensamientos, hasta inocular el veneno dulce de los sueños en lo más profundo de mi corazón de doce años.

Palestina e Israel, una historia interminable

En Occidente en general y en un país como el nuestro en particular, en el que todo el mundo debería de caminar y transitar por ahí en harapos, dado el entusiasmo y parcialidad por rasgarse las vestiduras, escandalizándose y mostrando su indignación ante el execrable atentado terrorista de la organización Hamás contra Israel, pero no por los ataques ilegítimos y crímenes de guerra cometidos por Israel desde 1948 contra la población palestina, denunciados en múltiples ocasiones por Amnistía Internacional ante la Corte Penal Internacional con sede en La Haya, dice mucho de nuestra distinta vara de medir los hechos y el sentido de la justica que tenemos.

En este contexto, tal vez convendría no olvidar que tras estudiar distintas alternativas, la ONU aprobó, por 138 votos contra 9 y 41 abstenciones, una resolución por la que puso fin al Mandato Británico del territorio de Palestina, dividiéndolo en dos Estados independientes: uno árabe palestino y otro judío israelí, y que Jerusalén quedara bajo un régimen internacional (resolución 181 (II), de 1947). Es decir, otorgó a Palestina e Israel la condición de Estados independientes, según consta en la citada resolución de la Asamblea General de Naciones Unidas, votada el 29 de noviembre de 1947. Pues bien, los hechos acaecidos desde entonces, para favorecer y plasmar en una tangible realidad este acuerdo, son lo más parecido a la *Historia Interminable*, cuyos protagonistas, traspasan la fantasía para darnos y mostrarnos de bruces la cruda e inhumana entelequia de los hechos.

Y es que esa realidad nos indica que mientras el Estado de Israel, tras su declaración de independencia el 14 de mayo de 1948, es reconocido por 164 de los 193 Estados miembros de la ONU, entre ellos los EE.UU y los más poderosos e influyentes del planeta. La misma situación y circunstancias nos muestran que a Palestina, mediante la Resolución A/RES/67/19 de 29 de noviembre de 2012 de la ONU, se la reconoce solamente como Estado observador, pero NO miembro de pleno derecho, ya que tiene el veto de los EE.UU. No siendo tampoco reconocida por Reino Unido, Francia, Alemania, Japón, Italia y Canadá, todos ellos miembros del G8, ni por México o Suiza. ¿Razones?, las ignoro, aunque las sospecho. En este marco, y en conexión con esto, cabe también indicar que curiosamente, la Unión Soviética fue el primer país en mostrar su conformidad y considerar a Israel de *iure* el 17 de mayo de 1948.

Hipocresía, falsa moral, doble rasero, todos son conceptos que expresan claramente la doble vara de medir que tenemos los humanos en función de nuestros intereses y en particular, los occidentales, respecto a los Estados de Israel y Palestina. Un ejemplo: el primer choque de las diversas guerras acaecidas entre árabes e israelíes, aunque históricamente vienen de muy lejos, comenzó desde el mismo instante en el que Israel proclamó su independencia. Concretamente, como he indicado anteriormente, sucedió el 14 de mayo de 1948; o sea, menos de 24 horas más tarde de declarada la citada independencia. Fecha en la que los ejércitos regulares de Egipto, Jordania, Siria, Líbano e Irak atacaron a Israel, forzando a éste a defender la soberanía de su reciente Estado. Israel ganó la guerra, pero no se apropió de ningún territorio de los países árabes en conflicto contra él, sino que consiguió hacerse con el 23% del territorio asignado al Estado Palestino por la ONU, quedando el resto del territorio bajo el control de Jordania y Egipto. Y, además, la guerra provocó la expulsión o huida de más de la mitad de la población árabe palestina del territorio del nuevo Estado que se le había adjudicado. Desde entonces, las agresiones de Israel contra el pueblo palestino, amparadas por los países occidentales han sido casi incontables. Y es que, siendo muchos de los conceptos de las sociedades más avanzadas de nuestro mundo que se sustentan sobre la escrupulosa veracidad de los hechos, no tenemos remordimientos en arrinconarlos y/o desentendernos de ellos, cuando lo que está en juego son esos oscuros intereses geopolíticos y económicos de los Estados más poderosos del planeta. Y para ello, no dudamos en tensar el camino de las palabras, prevaleciendo los anatemas sobre los razonamientos, como han hecho altos dignatarios americanos e israelíes estos pasados días, haciendo discurrir los hechos venideros sobre una cuerda que no está tensada en lo alto, sino justo por encima del suelo y que parece destinada más a tropezarse una y otra vez, que a avanzar sobre ella en busca de una paz justa y duradera para ambos Estados. Y es que, como ha dicho el Almirante israelí en la reserva, Ami Ayalón, que fue jefe del Shin Bet, el servicio secreto interior de Israel, "Tendremos seguridad cuando ellos tengan esperanza".

Sin acritud, Sr. Kaplan

Acabo de ver al Sr. Roni Kaplan, portavoz en reserva de la FDI,(Fuerzas de Defensa de Israel), decir en el Programa MVT de la Sexta, en una entrevista con los presentadores Iñaki López y Cristina Pardo, que ellos son el ejército de un país democrático que defiende a los civiles israelíes y que su conflicto y su guerra es contra los terroristas palestinos. Y que como ejército de un país democrático defienden a los nueve millones de israelís que sienten miedo de que les puedan entrar en sus casas, que los violen, los maten y los decapiten. Y ha terminado interpelando a Iñaki López: "¿Qué les diría usted, cuénteme?". "¿Quiere que no luchemos?.

Evidentemente, ellos están luchando contra un grupo terrorista y que ante el monstruoso asesinato de israelíes por parte de Hamás tienen el derecho legal y moral para atacar Gaza con todas las fuerzas disponibles. ¡Qué razón tiene y que ignorantes somos los españoles!. El portavoz militar me ha abierto los ojos y aunque ahora sea tarde para actuar, me ha quedado claro que lo justo, legal, correcto, democrático y moral en la lucha que en su día mantuvo el Estado contra el grupo terrorista ETA, que tantos asesinatos contra gente inocente cometió y tantos secuestros de inocentes ciudadanos consumó, causando tanto dolor, debería haber sido, bombardear inmisericorde el territorio de Euskadi, arrasando sus pueblos y ciudades y enviar al ejército para erradicar el terrorismo, acabar con ETA y aniquilar a sus dirigentes, pues España, igual que Israel, era y es un país democrático que luchaba por restablecer el orden, la dignidad y libertad del pueblo español y del Estado.

¡Qué incultos e ineptos han sido nuestros respectivos Gobiernos, tanto del PSOE como los del PP, al no haber sabido ver ni saber cómo actuar debidamente dentro de la legalidad y contando además, con total seguridad, con la aquiescencia y comprensión de los EE.UU, la UE y todo el mundo occidental!

¡¡¡Lástima!!!

El otro lado del espejo

La subjetividad es una forma de sesgo que nos afecta a todos a título individual y colectivo. Un sesgo que se determina y se ve influenciado en base a las informaciones que recibimos desde los medios de comunicación, a la cultura personal y a la propia inteligencia emocional de cada uno. En consecuencia, puesto que el sujeto es una persona, la subjetividad se refiere a la forma en que la singularidad de un individuo influye en sus percepciones. O sea, generalizando, podríamos decir que vemos las cosas no como son, sino como cada uno de nosotros somos. Y esto, a mi modo de ver, nos ocurre con el conflicto entre Palestina e Israel.

Por ello, voy a intentar ofrecer solamente datos con el objetivo de evitar instrumentalizar la guerra entre Israel y Hamás a través de mi sesgo personal. En este contexto, me parece relevante señalar que los destrozos y fracturas humanas de esta cruel guerra tienen indudablemente un relato económico que otorga gigantescos beneficios a unos pocos y perjudica fundamentalmente al pueblo palestino, pero también a otros millones de ciudadanos europeos. Y es que la Ayuda Oficial al Desarrollo para Gaza y Cisjordania, es de unos 2.000 millones de euros al año, la mitad a cargo de la UE y sus 27 socios. Pues bien, una cuarta parte de las viviendas de Gaza, 98.000 concretamente, han sido totalmente destruidas en estos días;

así como 59 instalaciones sanitarias; 170 escuelas; 7 iglesias y 11 mezquitas, son datos de propia ONU del pasado jueves, 19 de los corrientes. A los activos físicos, sumemos también ahora los nuevos desplazados que afectan ya a más de un millón de personas. En este contexto, el 60% de la población gazatí sobrevivía gracias a la ayuda humanitaria; una cobertura que, en razón del salvaje e indiscriminado destrozo de viviendas e infraestructuras realizado en la Franja de Gaza, se encamina ahora al 100% de la necesidad de Ayudas. Por otra parte, de los más de 10 millones de palestinos, solo cinco millones habitan su tierra; el resto, que se encuentra obligadamente exiliado, constituye, curiosamente, una de las minorías nacionales más instruidas, habilitadas y valoradas del mundo.

A su vez, según los datos recopiladas por la ONG israelí B'Tselem, Organización y Centro de Información Israelí para los Derechos Humanos en los Territorios Ocupados, que fue establecida en 1989 por un grupo de destacados académicos, abogados, periodistas y miembros de la Knesset, desde que Israel se fundó como Estado el 14 de mayo de 1948, ha ido ganando cada vez más territorio de la Palestina histórica con decenas de asentamientos, en régimen de ocupación y colonización ilegal, lo que ha derivado en una guerra sin cuartel que ha dejado, al menos, 52.320 muertos y miles de heridos, siendo Palestina con un 83%, la más perjudicada de entre ellos.

Asimismo, sabido es y conviene recordar que las violaciones del derecho internacional humanitario por parte del Estado sionista de Israel, como la norma que prohíbe expresamente los castigos colectivos, están ahí, el incumplimiento de las resoluciones de naciones unidas, que prohíben los asentamientos ilegales de colonos ultraortodoxos, están ahí, y todo ello con el beneplácito de los EE.UU, UE y Occidente, cuya doble moral, no es una novedad que se deje ver ahora de repente, al menos para cualquier observador con intención de ver la realidad, evitando chovinismos autocomplacientes.

Como dice el sociólogo puertorriqueño Ramón Grosfoguel, miembro del Grupo Modernidad/Colonial que se desarrolla en la Universidad de California en Berkeley, conocido es el recorrido de aprovechamiento colonial por parte de Europa y de los Estados Unidos. Y es que la historia de la modernidad en sus últimos 530 años, es una historia llena de violencia y dominación colonial en al que cada siglo ha tenido una justificación diferente para imponer su modelo de civilización a otros pueblos, ya sea a través de la religión, de la cultura, del desarrollo o de la democracia.

No seamos pues hipócritas y no nos engañemos, hace cientos de años que en nombre de una proyectada empresa civilizadora el mundo occidental asfixia a casi toda la humanidad. Un Occidente en el que cada día más, los únicos valores son el dinero y la protección de sus intereses geopolíticos, sin importar las víctimas humanas que sus acciones puedan provocar, sobre todo si se trata de personas de diferentes etnias o culturas que las nuestras.

El viento del recuerdo, entre hojas y silencios

Sentado en el sofá del salón, contemplo cómo al otro lado del Segre el viento juega con las hojas secas del otoño y silba como si intentara llamar mi atención, y pienso en ti. Recuerdo tus sosegadas palabras acariciando mis oídos, tus delicadas y livianas manos abrazándome por la espalda, tus castaños ojos acompañando mis pasos. Hace tiempo, ya bastante tiempo, que te fuiste. Entendí aquel día de noviembre que mis gestos eran parte de tus gestos, que mis alegrías eran tus alegrías, mis triunfos eran tus triunfos, mis penas eran tus penas y mis lágrimas las tuyas. Aún teniendo la muerte presente desde niño, nunca había imaginado la tuya, ni cómo nos dejarías. Fue muy triste verte abandonar las cosas y la vida que tanto quisiste, hasta que en silencio partiste camino del cementerio.

Sigo en el salón, mirando cómo las hojas bailan ante mí impulsadas por el aire otoñal. Un otoño que extrae del enigma biológico de mi memoria tu recuerdo que siempre está en mí. Rememoro el tiempo y despierto, imagino y sueño… Todo comenzó una liviana mañana de un viernes de primeros de octubre, hace muchos años, en el Madrid de la postguerra. Había en aquel lugar una semioscura penumbra y, casi de pronto, vi una luz y oí ruidos y noté unos dedos tocándome. Y te sentí. Hacía diez segundos que había llegado y ya sabía que estabas ahí. Me llevaron a una habitación llena de otras criaturas como yo y, luego, te vi a ti en esa misma habitación. Y un tiempo más tarde, en otra diferente, esta vez pintada con colores claros. Obviamente, no retengo en mi memoria aquel entonces, solamente recuerdo el calor de tu pecho y algún que otro inocente llanto de aquel bebé que en aquel tiempo era yo. Fui creciendo y no había cumplido cuatro años, cuando un día, volviendo del mercado de San Miguel con Dña. Tomasa, nuestra vecina del primero, te vi llorar haciendo unas maletas. Un tiempo después, estábamos en un lugar caótico, ruidoso, lleno de olores penetrantes y de unas gentes vestidas de un modo extraño y a las que no entendía nada cuando hablaban. Poco a poco, me fui acostumbrando a aquel nuevo paisaje y a Fátima, la asistenta que con tanto cariño, cogido de su mano, me llevaba a comprar al Zoco Chico. Pasó el tiempo y sin tener yo la intención de hacerlo, un buen día, me llevaste hasta el Colegio Francés. Había otros muchos niños con sus madres, unos pocos llorando. La Srta. Margot, alta y gruesa, con una sonrisa dulce y amable, nos puso en fila y nos llevó hasta la clase. Me senté en dónde me indicaron y empecé a jugar con mis pies que apenas conseguían llegar a tocar el suelo. Había transcurrido un buen rato cuando sentí como un leve golpe en mi hombro derecho y miré hacia el lado para ver quién era el que me había tocado. Vi a un niño con el pelo rizado y rubio, muy bien peinado, que me sonreía y hablaba. No recuerdo lo que me dijo, solamente me di cuenta de que comenzó a balancear los pies imitándome. Pasaban los días y las clases se hacían amenas. Leíamos sílabas y palabras sencillas y luego las escribíamos, aprendíamos los números, pintábamos, nos contaban cuentos, nos hacían adivinanzas, cantábamos canciones en una lengua rara y nueva y, sobre todo, jugábamos en el patio caminando hacia atrás, haciendo equilibrios con los ojos cerrados o al juego de las sillas, al pañuelo y al escondite.

Me hice amigo de los compañeros de clase y especialmente de Cuqui, el niño rubio que estaba a mi lado y que me imitaba balanceando los pies. Los primeros días, esperaba impaciente las salidas del colegio, encontrarte para regresar a casa e ir a merendar y posteriormente refugiarme con mi hermano en nuestra habitación que convertíamos en nuestro particular reino. Fue un tiempo feliz el cumplido en aquel parvulario del colegio.

Pasaron unos pocos años. Hice la prueba selectiva del Ingreso. Cambié de ciudad y de colegio. Comencé el bachillerato y la alegre y despreocupada diversión se fue viendo ocultada por los estudios, los exámenes, las primeras peleas con amigos por cosas que ahora uno ve intrascendentes. Entré en la adolescencia y los días se convirtieron en montañas rusas emocionales a las que me tenía que agarrar para no caer en el vacío. Sentí las primeras mariposas en el estómago, los abrazos, algún furtivo beso, las conversaciones de dos horas por teléfono, nuevos amigos, los guateques, las fiestas, las riñas, los enfados, mi corazón roto. Y así, como otros muchos, fui creciendo…

Pienso en ti, en aquellos días de mi infancia y adolescencia, sus mágicos momentos. Me llaman. Despierto de mi ensueño. Se desvanece el recuerdo; pero, el pasado nunca será pretérito. Me levanto del sofá y veo cómo las primeras gotas de lluvia empiezan a caer de un empedrado cielo, lentamente y en silencio primero y después peleándose por llegar a tocar el suelo…

Entre el ruido y el silencio: reflexiones sobre la sociedad actual

Busco el silencio, porque vivimos en una sociedad con mucho ruido, en la que la clase política se ha apalancado en la bronca y la descalificación y la retórica de cada cual envuelve los hechos cotidianos que hablan por sí mismos. El griterío y la gresca lo son todo. La polarización va en aumento, tiene que ver con las emociones y esto hace que cerremos filas no solo en torno a nuestro partido o nuestro líder y valores, sino en relación con otros votantes o seguidores, generando un sentimiento de pertenencia hacia los nuestros y, a la vez, de rechazo y casi hasta odio hacia los oponentes. Es un tipo de divergencia y discrepancia que origina una confrontación del mundo entre ellos y nosotros. Se concibe y propaga una manera de entender la realidad en la que los míos son los buenos y los otros son los malos. La Ley de Amnistía, pactada entre el PSOE y los partidos independentistas catalanes, como parte de los acuerdos para asegurar la investidura de Pedro Sánchez, es un claro ejemplo del posicionamiento personal y colectivo de la sociedad de nuestro país. Y las protestas e impotencia ante la inhumana, cruel y despiadada guerra de Gaza y la ilegal, perversa y brutal guerra de Ucrania, son otros dos arquetipos y demostración de la crispación de otras sociedades europeas y mundiales sobre lo que anteriormente indico. Y es que tenemos una sociedad global llena de contradicciones que son una especie de grietas que nos meten a todos en unos cajones estrictos y demasiado estáticos. Una sociedad que es a la vez compleja y simple, plural e individualista, serena y líquida, y en la cual la incertidumbre que causa la vertiginosa rapidez de los cambios ha debilitado los vínculos humanos, produciendo una peligrosa deshumanización y cierto miedo existencial. Y que además, se ha vuelto cosmética, haciendo cirugía plástica a cada instante para olvidar que, además de las guerras de Gaza y de Ucrania que afectan al confortable y glamuroso mundo occidental, hay actualmente otras 56 guerras activas en el planeta que conciernen a más de 1.100 millones de personas, el 14 % de la población mundial, que han provocado más de 108.000 víctimas solo en 2023 y de las que nadie se acuerda al estar alejadas de nosotros, ni los medios de comunicación se hacen eco de ellas.

Esas guerras están ahí, pero nadie las hace caso. Como tampoco parecen importar mucho otros conflictos y desavenencias urgentes como el cambio climático. Y es que ningún Gobierno de los poderosos Estados del mundo, ni ese 1% de los acaudalados multimillonarios que, según datos de Oxfam, acumula el 82% de la riqueza global del planeta Tierra, juzgan necesario tener tiempo para ocuparse seriamente de las noticias diarias sobre las catástrofes que están produciendo los escalofriantes récords de temperaturas que se están dando a causa de la acción criminal y suicida de empresas y gobiernos que incrementan las inversiones en combustibles fósiles. Todo un cínico despropósito realizado por los Gobiernos de los más importantes e influyentes países mundiales, teóricamente comprometidos a poner un límite a la contaminación atmosférica. Y lo peor es que todo da a entender que no hay voluntad de cambio. Quizás porque las sociedades de hoy día, debido a la globalización y transculturación, se han vuelto miméticas, pues se replican las mismas mediocridades en todas, aunque en unas los sesgos estén más exacerbados que en otras. Y es que hemos llegado a tal mimetismo que somos casi iguales en casi todas partes y en cualquiera lugar y nos conformamos, y solamente protestamos ante hechos puntuales que directamente nos afectan. Y, en ocasiones, ni siquiera nos manifestamos cuando perdemos derechos, probablemente porque se ha normalizado también el marco mental de la subsistencia. Tal vez por eso, la calle calla y se siente afortunada por ciertas subidas salariales en el sector privado o las revalorizaciones en lo público y ha legalizado la precariedad en la que vive para no empobrecerse más todavía.

Vivimos además en unas sociedades en las que los hechos y las cosas son y no son al mismo tiempo. Y quizá por ello, siendo más libres que nunca, es cada vez es más difícil tener libertad. Dándose la paradoja de que, por un lado, hay gradualmente más grupos sociales que pelean por las libertades, por más pluralismo y más respeto al individuo y sus proyectos de vida; pero sorprendentemente, por otro lado, aumenta progresivamente cada día más el conservadurismo y los seguidores y electores votantes de partidos políticos de extrema derecha. En este contexto, a mi modo de ver, el mayor problema actual del mundo es que vivimos en unas sociedades que poseen algunos pequeños sectores de población muy dinámicos; pero, al mismo tiempo, hay otros, que son mayoritarios, cada vez más apáticos y que creen que las cosas se acomodarán solas. Y así, acabaremos con una multiplicidad de catástrofes: ruptura ecológica, ascenso del autoritarismo, caos y desintegración social. Y es que asumimos tener unas sociedades que, si bien engañosa y ciertamente no se adviertan, están hiperestratificadas y diversas, cuya realidad y circunstancias ha bautizado el filósofo italiano de origen armenio Giorgio Agamben, como "el coraje de la desesperanza"; es decir, la comprobación de que el optimismo pasivo es una fórmula para la autoindulgencia y, por consiguiente, una dificultad contra un pensamiento y una acción significativos que nos permitan avanzar en las circunstancias actuales de la historia.

Lloro por ti, Palestina

La insensibilidad emocional es la incapacidad perceptiva de saber identificar y evaluar los sentimientos que las situaciones o las personas producen en nosotros. Es decir, la facultad de no sentir nada ante el dolor o el sufrimiento de personas inocentes. Las cifras hablan por sí solas, más de 16.000 personas civiles han muerto en Palestina en los cuarenta y tantos días de guerra entre Israel y el grupo islamista Hamás, el 70 % de ellas mujeres, niños y ancianos. Y a estos terribles datos hay que añadir los más de 25.400 heridos en Gaza y la Cisjordania ocupada y las 2.260 personas, aproximadamente, que están desaparecidas, incluidos 1.270 niños. Todas estas víctimas no son inocentes ni culpables, son víctimas.

Lleva sufriendo y aterrorizada la población de Gaza más de 1.000 horas bajo el estruendo indiscriminado de las bombas israelíes. Desde el cielo, las imágenes enviadas por el satélite Copernicus Sentinel 1, muestran barrios enteros de ciudades reducidos a escombros y multitud de edificios aplanados por los ataques aéreos. Unos bombardeos que, según datos de la ONU, han causado, sobre todo en el tercio norte de la Franja que incluye la capital Gaza, más de 220.000 casas arrasadas, el 45% del total, el 38% de los Centros educativos dañados, el 73,5% de los Hospitales destruidos y el 33% de los Centros de salud derribados. Y todavía parece ser que no es suficiente, pues ahora están llegando los tanques y excavadoras para terminar el trabajo y dejar plana la capital, bajo la excusa de que los terroristas de Hamás tienen sus cuarteles generales y arsenales en túneles construidos bajo los hospitales. Y es que el relato, como todo lo demás, lo están realizando los sionistas israelíes.

No, ni los salvajes y terroristas crímenes del 7 de octubre perpetrados por Hamás, ni los 240 inocentes israelíes secuestrados, pueden, desde mi punto de vista, justificar la brutalidad de la venganza del Gobierno de Israel, ni los asesinatos que están cometiendo de forma terrible en Gaza. Cabe precisar que el Estado de Israel tiene derecho a "defenderse"; pero, dicha defensa, debe ser proporcional y siempre cumpliendo escrupulosamente las llamadas *reglas de la guerra* que regulan el comportamiento de las partes beligerantes y, sobre todo, protegen a la población civil según el Derecho Internacional Humanitario. Reglas que el estado de Israel no está cumpliendo al desplazar forzosamente a la población civil gazatí hacia el sur de la Franja de Gaza mediante órdenes estrictas de evacuación, así como privándoles de suministros básicos de luz, agua, víveres y medicamentos.

Nadie con conciencia moral puede no sentir rabia ante tanta indiscriminada masacre. ¿Por qué ningún Organismo Internacional y ningún Estado detienen a Israel? Pues, porque quien tiene en sus manos la posibilidad de parar este abominable genocidio, los EE.UU, pisotea sin el menor escrúpulo la Declaración Universal de los Derechos Humanos, pues abriga otros objetivos prioritarios e inconfesables en su punto de mira. Y es que hay dos factores que brindan y blindan el apoyo incondicional de EE.UU a Israel. Uno los lobbys sionistas, el más famoso el AIPAC, Comité de Asuntos Públicos Estados

Unidos-Israel, que actúa en el Congreso de los Estados Unidos y en la Casa Blanca; un grupo de presión político-económico que cuenta con más de 100.000 miembros activos. El otro, es el NORPAC, un comité de acción política bipartidista, cuya organización trabaja para fortalecer el apoyo de los Estados Unidos al Estado de Israel, teniendo como uno de sus principales objetivos garantizar que la ayuda exterior de los Estados Unidos a Israel continúe todos los años. Estos lobbys son legales, aún sabiendo que su objetivo es coaccionar a los políticos americanos para obtener intereses propios para Israel. Y no son los únicos que existen.

En cuanto a la actuación de la UE ha sido y es despreciable. Nunca jamás ha condenado ningún crimen contra el derecho internacional perpetrado por parte de Israel, ni siquiera ahora cuando asistimos en directo a la indiscriminada masacre de Gaza. Israel siempre ha gozado de un apoyo incondicional de la UE, no solo en el plan político, sino también en el plan económico con tratados muy favorables para Israel. La UE tiene instrumentos para poner presión a Israel, basta copiar lo que ha hecho contra Rusia. Pero se impone la hipocresía y la repugnante doble moral occidental.

Estamos presenciando la decadencia moral, económica, política y cultural de Occidente en el mundo. El Gobierno de Netanyahu actúa de manera irresponsable y criminal y destruye la reputación de Israel y del mundo occidental con cada nueva matanza. Y es que como decía George Orwell, en su ensayo *La política y el idioma inglés,* el discurso político es "En gran parte la defensa de lo indefensible"; por ejemplo, el bombardeo de civiles puede ser llamado "pacificación", su desplazamiento forzoso como "traslado de población" y su encarcelamiento sin juicio o justicia como "eliminación de elementos no fiables". Tal vez convendría no olvidar que hubo un genocidio en Europa el siglo pasado, no se hizo nada porque no sabíamos nada. Ahora lo sabemos todo y no hacemos nada tampoco. Lloro por ti, Palestina.

Ley de Amnistía: ¿legal y legítima o ruptura constitucional?

Y de improviso, de la noche a la mañana, la vida cambia y aún siendo los mismos, somos diferentes. Esto debió de pensar Carles Puigdemont en su casa de Waterloo, al conocerse los resultados definitivos del 23J. Seis años después de aquel referéndum ilegal para unos y legal para otros, existía la posibilidad de volver a tener voz y voto sobre el probable futuro de Cataluña y España. No pasó mucho tiempo para que comenzara a fraguarse la llamada Ley de Amnistía.

En este contexto, dicen algunos de los que saben de leyes que La ley de Amnistía está bien hecha y pensada para no dejar ningún resquicio ante los previsibles recursos. Tal vez sea así, de momento, la Proposición de Ley Orgánica de amnistía para la normalización institucional, política y social en Cataluña, se ha registrado en el Congreso el pasado 13 de noviembre de los corrientes y se tramitará por la vía de urgencia, lo que significa que se acortarán los plazos para su debate y votación en el Congreso y en el Senado. Sin embargo, no se ha fijado todavía una fecha concreta para su aprobación definitiva, ya que dependerá de la agenda parlamentaria y de la posible presentación de enmiendas por parte de los grupos políticos de la Cámara. Además, como indico anteriormente, es muy probable que la citada Ley sea recurrida ante el TC por parte de la oposición, lo que podría retrasar o incluso, impedir su entrada en vigor. Por lo tanto, habrá que esperar a ver cómo se desarrolla el proceso legislativo y si la Ley de Amnistía consigue superar todos los obstáculos jurídicos y políticos que se le presentan. Eso sí, en el supuesto de que sea aprobada por mayoría en el Congreso, tendrá legitimidad y entiendo que ayudará a pacificar a una gran mayoría de la sociedad catalana, pues será y se verá como un gesto de generosidad del Estado hacia un colectivo que, precisamente, ha manifestado y todavía muchos manifiestan, querer abandonarlo.

No soy jurista y, por consiguiente, como es plausible que pudiera cometer errores de interpretación a lo largo de estas líneas sobre la hipotética constitucionalidad o no de la misma, intentaré ofrecer, fundamentalmente, opiniones recogidas de expertos en la materia que nos ocupa, unidas a algunas consideraciones personales derivadas de su lectura. En este sentido, la citada constitucionalidad o inconstitucionalidad de la precitada Proposición de Ley de Amnistía, la marcará el TC, si, como parece, VOX y tal vez también el PP, tras solicitar los correspondientes informes preceptivos al CGPJ y al Letrado Mayor del Senado, se deciden acudir al TC para presentar el consecuentemente recurso de inconstitucionalidad. En este contexto, quiero indicar que, a mi entender, la generosidad y la amplitud de miras está inherente en el mismo espíritu de la Constitución del 78. Una Constitución que, salvando la distancia histórica, es hija de una "Amnistía". Y es que una sociedad que pretenda avanzar desde un punto de vista democrático, debe tener la capacidad de favorecer y situar entre sus prioridades la convivencia, el diálogo, el respeto y el posible entendimiento entre los diversos puntos de vista y reivindicaciones políticas democráticas. Sobre todo, cuando en la propia Proposición de Ley de Amnistía, se establece que cualquier proyecto es defendible pero dentro de la Constitución.

Por otra parte, me parece importante resaltar que no hay sentencia alguna, en concreto, sobre la constitucionalidad o inconstitucionalidad de una Amnistía en España. No obstante, según opiniones de juristas y exmagistrados, parece ser que sí hay varias sentencias que respaldan el encaje de una amnistía en el marco constitucional actual; lo que permitiría la posibilidad de aprobarla en relación con el "procés" independentista catalán. Pero, por otro lado, el Tribunal Supremo ha manifestado que no es legítima la adopción de una nueva Ley de Amnistía posterior a la de 1977, y que podría plantear una cuestión de inconstitucionalidad ante la aprobación de una hipotética nueva Ley de Amnistía que afecte a los procesados por el alto tribunal. Por tanto, como se advierte, se trata de un tema controvertido y complejo que podría generar un conflicto entre los distintos órganos judiciales.

En síntesis, tanto las afirmaciones positivas como las negativas al respecto de la Proposición de Ley presentada, entiendo que se asientan en interpretaciones de textos jurídicos complejos que permiten, como ocurre con el recurrente símil del vaso de agua, hacer decir lo que se dice y no se dice, a la vez. En todo caso, en el supuesto de que finalmente sea aprobada, considero que, a la larga, esta Proposición de Ley que comenzó el pasado lunes 13 de noviembre a dar sus primeros pasos, será recordada como lo que probablemente es: un acierto que abre la puerta de la reconciliación con Cataluña y favorece decididamente la unidad de España. El tiempo tiene la palabra...

Israel, una democracia en entredicho

Netanyahu fracasó a la hora de vigilar la seguridad de su país, como había perdido antes a la hora de salvaguardar su democracia. El intento de someter a la justicia con su reforma intervencionista mientras era objeto de investigaciones por corrupción desató protestas masivas que parecen ya quedar atrás ante el actual conflicto bélico. Y ha naufragado también por la forma en que ignoró un informe detallado sobre los propósitos de Hamás, tal y como han relatado los periodistas Ronen Bergman y Adam Goldman en el The New York Times, el pasado 1 de diciembre, sobre el hecho de que Israel "sabía de los planes de Hamás hace más de un año". Será su responsabilidad con la historia y tal vez también la de los EE.UU, UE y Occidente por ofrecerle el incondicional apoyo que se le está otorgando.

Si se calcula que la bomba de Hiroshima causó 66.000 muertes el primer día, una atrocidad que nunca lograremos digerir, sobre todo el pueblo japonés, el inmisericorde bombardeo de Gaza sigue caminando con firmeza rumbo a la lista de esos grandes hitos de matanzas de civiles que nos avergüenzan como humanidad y en la que se pueden incluir Dresde, Vietnam, Camboya, Ruanda o Irak. Y si además se hacen declaraciones como las del ministro israelí Amichai Eliyahu, el pasado 5 de noviembre, que admitía el hecho de que arrojar una bomba atómica sobre la Franja de Gaza era "una de las posibilidades" que se barajaba en el Gobierno, aunque posteriormente fuera desautorizado por ello, se puede afirmar que de seguir el curso de la guerra por los cauces que va, el resultado probablemente será el mismo. Ya que si la primera fase de la guerra ha dejado más de 16.800 muertos, el 70% de ellos mujeres y niños, en esta empezada segunda fase y en pocas semanas, la cifra de muertos supera ya los 19.000; por lo que, en consecuencia, podemos tener medio Hiroshima sobre la mesa de los informativos, en pocos días. Es verosímil.

Que Hamás es un grupo terrorista es más que evidente y que Occidente debe proporcionar a Israel una firme alianza ante cualquier agresividad externa es cierto, pero ambos hechos no conllevan otorgarle carta blanca al Gobierno de Netanyahu para que haga lo que está haciendo. No puede serlo. Y es que la respuesta que está efectuando Israel contra la totalidad del pueblo Palestino, además de ser de una inhumana crueldad, resulta impropia de un Estado que se autodefine y se le define internacionalmente como una "democracia". No, no lo es, quitémonos y quitémosle la careta. Y fundamento mi opinión en conceptos tan básicos como los siguientes: ¿Qué democracia incumple impune y reiteradamente las resoluciones de la ONU? ¿Qué democracia detiene a niños y menores de edad, sin permitirles el ineludible derecho internacional a un defensor?, ¿Qué democracia juzga sistemáticamente a niños y adolescentes en tribunales militares, según Unicef? ¿Qué democracia maltrata y asesina deliberadamente a menores detenidos? ¿Qué democracia "resuelve" un puntual atentado terrorista con una masacre convertida en genocidio, en vez de realizar una oportuna investigación, con la correspondiente acción policial y la de los tribunales de justicia? ¿Qué democracia mata deliberadamente a periodistas para evitar que se puedan saber las atrocidades que se están cometiendo, como ha denunciado Reporteros sin Fronteras en la actual guerra de Gaza?, ¿Qué democracia ataca y destruye deliberadamente Hospitales civiles en plena guerra, como han confirmado las propias fuentes militares israelíes diciendo que han asaltado por tierra el complejo del hospital Al-Shifa, el mayor que había en Gaza? ¿Qué democracia bombardea escuelas de la ONU dejando cientos de muertos civiles, la inmensa mayoría mujeres y niños, que se habían refugiado en ellas? ¿Qué democracia realiza detenciones arbitrarias de la población civil palestina? ¿Qué democracia efectúa restricciones a la movilidad y/o traslados masivos de la población bajo amenazas, tal y como informan Organizaciones de Derechos Humanos y de Naciones Unidas presentes en la Franja de Gaza? ¿Qué democracia, en el siglo XXI, mantiene una política de colonización permanente en Gaza y Cisjordania? ¿Qué democracia impide la llegada de ayuda humanitaria a las gazatíes para evitar que ocurra una gigantesca catástrofe humanitaria? ¿Qué democracia provoca que la mitad de la población de Gaza se esté muriendo de hambre y 9 de cada 10 personas no pueden comer todos los días, según ha advertido el Programa Mundial de Alimentos de la ONU? ¿ Que democracia alienta a los colonos ultraortodoxos para que se organicen con la idea de entrar en Gaza, arrasarla y repoblarla con 300.000 judíos? ¿Qué democracia ataca, bombardea y destruye mezquitas y hasta cementerios? Y podría seguir enumerando más… No, dejémonos de engaños, el actual Estado de Israel "No es una Democracia". Un Estado democrático no es solamente aquel donde los ciudadanos ejercen el poder político a través de sus representantes, elegidos mediante el voto, en elecciones libres y periódicas. Sino que es algo más, al menos para los europeos. Un país democrático es aquel que además de todo lo anterior, cumple lo que indica el Artículo 1 de la Carta de los Derechos Fundamentales de la Unión Europea, en el que se plasma que: "La dignidad humana es inviolable. Será respetada y protegida". Un hecho fundamental que el actual Gobierno de Israel de Netanyahu ni cumple, ni acata, ni observa. Por todo ello, no comprendo por qué la "presión internacional" debe reducirse a sugerir a Israel que mate mejor y un poco menos y no a, por ejemplo, romper relaciones con Israel hasta que acate las resoluciones de la ONU y cumpla las normas que establece una verdadera democracia. Claro está que contando con el inquebrantable apoyo de los EE.UU. que mantienen todavía a más de 30 prisioneros en un limbo legal en Guantánamo, la mayoría sin cargos o a la espera de un juicio militar, se entiende todo.

Navidad:
un nacimiento que cambió la historia

Cada historia necesita su trama, un tanto de intriga y textura de justificaciones, un tejido de circunstancias y hechos anudados. Es innegable que la historia, tanto la remota, como la pretérita o reciente, nos proporciona un abundante muestrario de sucesos y acontecimientos que lo atestiguan. Alguno de los ocurridos en las mismas tierras que antaño, lo tenemos presente en estos días en carne viva. Es una historia que parece construida como si fuera un castigo divino contra los pueblos que desde siempre habitan esos territorios. Convirtiendo, ese hecho, en una condena substancialmente injusta, trágica por su especial violencia y germen de imperecederos y nuevos rencores entre ellos.

Es por ello que la historia; es decir, la narración y exposición de los acontecimientos pasados y dignos de memoria, con todo lo que conlleva, debe ser tratada con la asepsia con la que advertimos ante el espejo matutino la presencia de una nueva arruga, el pronunciamiento de las ojeras, la urgencia de un afeitado que nos reponga de una verdad a la que no podemos sustraernos y nos exige, además, suficiente claridad de juicio a la hora de juzgarla. Y debe ser así, tal vez, porque no existe nada ni nadie más próximo a la verdad, al menos la nuestra, que aquella que nosotros mismos percibimos a través de los escritos sobre las fuentes de la historia y la de los autores que han tratado esta materia. Y es en ese ejercicio casi de magia, haciendo cabriolas con el tiempo, donde se vuelca la siguiente historia que cada año se descubre, se revive y se cuenta.

Rumores sobre un milagroso nacimiento en Judea:

La Mañana. JAVC corresponsal en la zona. Belén/22 diciembre, año 1 de la era cristiana.

Los rumores sobre el nacimiento de un niño excepcional, hijo de la tribu de David, continúan en esta pequeña aldea. Belén es un hervidero de gentes que han llegado desde distintas partes de Judea para registrarse en el censo ordenado por el emperador Augusto. Entre ellos, se encuentran un modesto carpintero llamado José, radicado en Nazaret, y su embarazada esposa María. Según parece, la considerable concurrencia y aglomeración de judíos a esta circunscripción, para cumplir con el citado requerimiento, ha sido el motivo por el que, al no encontrar posada y estar María fuera de cuentas, apremió a los esposos a cobijarse en un establo donde, a los pocos días, nació el pequeño al que han puesto por nombre Jesús.

La noticia se propagó rápidamente entre los pastores de los alrededores, que se acercaron al cobertizo, rindieron respeto y reverencia al niño y le reconocieron como Rey de los judíos y el Salvador prometido por las profecías. Pero no solamente los pastores han mostrado interés por el recién nacido, sino que también se habla de unos misteriosos visitantes llegados de Oriente que dicen ser magos y que guiados por una estrella, han cubierto una larga travesía y llegado hasta el pesebre del cobertizo. Y, por lo visto, le han traído y ofrecido regalos de gran valor al niño: oro, incienso y mirra.

Las fuerzas de ocupación romanas, han restado importancia a este suceso que han considerado una cuestión interna de los judíos. Por su parte, el monarca Herodes Antipas, que se ha entrevistado posteriormente con los enviados orientales, se ha abstenido de hacer cualquier tipo de declaraciones. Esta es la situación que se vive actualmente en Belén, un pequeño pueblo que se ha convertido en el escenario de un acontecimiento que podría cambiar la historia de la humanidad.

Esta es la crónica, genealogía y tradición. Es la de siempre, es la nuestra, y así, ayer como hoy, nos la contó la prensa. Y es que no es la primera vez, ni será la última que miremos al pasado con la mirada fresca del presente. La fabulosa capacidad del recuerdo que convierte al tiempo en losa o entelequia, nos mete directamente o de rondón a contestar al pretérito, a vitalizarlo y hacerlo tal y como quisiéramos y/ o soñamos que hubiera sido. Ya nos lo advirtió Kipling, al final de alguna de sus historias: "así debió haber ocurrido".

La noche de Reyes en la que perdí la inocencia

Nuestra memoria es un misterio que sigue desafiando a la ciencia. Hasta la fecha, biólogos y psicólogos no han sido capaces de saber cómo quedan almacenados los recuerdos en nuestro cerebro. Y sin embargo, somos memoria; es decir, unas criaturas que fijamos lo vivido, detenemos el tiempo y lo fragmentamos en forma de imágenes y palabras plenas de sentimientos y emociones que nos ayudan a saber quiénes somos y comprendernos y con la que construimos nuestra propia historia.

Hoy, a mi memoria viene aquel día de Reyes de mi infancia como una piel del pensamiento. Y llega envuelto en un collage de nítidos olores, de condiciones lumínicas, de afectos, de percepciones y recuerdos visuales completos. Mis ojos y mis oídos no han olvidado lo que oyeron y vieron en aquel momento de aquella sorprendente noche y mi memoria guarda aún sus efectos. Y es que la realidad no existe hasta que nuestra mente la interpreta, como tampoco existen los Reyes Magos en los que yo creía de pequeño, hasta que dejé de creer en ellos. Ocurrió hace mucho tiempo…

…Aquel año, ayudado por mi madre, había escrito la carta a esos fascinantes Magos que nos traían regalos a los niños que nos habíamos portado bien. Me encantaba pedirles todo lo que deseaba y esperar con expectación que llegara la mágica noche del 5 de enero. Llegó por fin el anhelado día y entre mis recuerdos surge aquel atardecer en el que había visto a los camellos, con enorme atención, recorrer las calles de la ciudad cargados de juguetes. Sin embargo, esa fantástica creencia se rompió de golpe cuando aún no tenía seis años. Fue la madrugada en la que desapareció la inocencia de mi infancia y todo cambió para mí.

Esa noche, obedeciendo a mis padres, me había acostado temprano y dejado en el alfeizar del balcón de mi habitación, un vaso de leche y unas galletas para los Reyes Magos y un poco de agua y zanahorias para los camellos. Estaba tan emocionado que me costó conciliar el sueño, pero al final lo conseguí. No sé cuánto tiempo había transcurrido, pero de repente me despertó un ruido fuerte. Abrí los ojos y vi a mi padre en el suelo rodeado de paquetes. Había tropezado con algo al entrar en la habitación y se había caído. Al principio no entendía lo que estaba pasando y creí que era un sueño; pero luego, al ver a mi madre en la puerta con gesto de preocupación en su rostro, me di cuenta de que era real. Lo comprendí casi todo en ese instante. En un abrir y cerrar de ojos, confirmé una sospecha que me había desvelado y revelado mi hermano mayor hacía poco tiempo. Los Reyes Magos no existían. Eran mis padres los que me compraban los regalos y los dejaban en mi habitación mientras yo dormía. La carta que les había escrito con tanto cariño e ilusión era una quimera. Todo era una ficción, un hermoso cuento.

Aquel tropezón de mi padre, acabó con el ensueño de mi vida infantil y me hizo enfrentarme de golpe a la cruda realidad. Una realidad que se reflejaba y materializaba al contemplar la cara de mi padre que me miraba desde el suelo con una mezcla de culpa y esperanza de que no me hubiera dado cuenta de nada y siguiera creyendo en los Reyes Magos. Una realidad que también se manifestaba en los regalos que yacían desparramados por el suelo junto a una gran caja de cartón y otras más pequeñas, envueltas con papel de colores brillantes y llenos de estrellas. Entre ellos, estaban la locomotora, los vagones y unas vías de tren, que con tanta ilusión había pedido a los Reyes Magos. Desde aquel momento, desapareció el encanto de la noche de Reyes que hasta entonces había alimentado la imaginación y fantasías de aquel niño. Es paradójico, caprichoso y sorprendente cómo se puede perder la inocencia de golpe, sin saber siquiera todavía que al perderla entra uno en otra vida.

La infancia, interesadamente a veces tarda en irse y en otras ocasiones desaparece de golpe. Ya que a pesar de la evidencia de esa noche, tuve una cierta reticencia a abandonar el pensamiento mágico. Pues aquel niño que acostumbraba a hablar con sus juguetes, no quería renunciar a esa conducta y por ello, opté por conservar durante años, en un armario de mi cuarto, a esos inanimados seres y artilugios que a través de mi imaginación cobraban vida. Y es que nunca me he desprendido del todo de la infancia y tal vez por eso, a pesar de los años trascurridos, cada 6 de enero, observo con curiosidad a esos niños que con cierta dificultad y escaso equilibrio pedalean montados en una flamante bicicleta, intentan mantener el equilibrio en unos patines, conducen dificultosamente un miniquads o juegan con un coche teledirigido por los Campos Elíseos llevando dentro todavía el sonido de la fanfarria de la cabalgata de Reyes que siempre resuena en el corazón de los soñadores.

La Franja de Gaza, un infierno en la Tierra

En poco menos de dos meses y medio han muerto más de 21.000 personas en Gaza y unas 55.000 han sido heridas. Niños, una tercera parte. Los hospitales, desde el comienzo de la guerra han sido un objetivo fundamental de los ataques y bombardeos de Israel al alegar que albergaban a miembros de Hamás; de hecho, de los 36 con que contaba la Franja de Gaza al comienzo de la contienda, funcionan parcialmente trece de ellos, totalmente colapsados, sin apenas energía ni material sanitario y con escaso personal médico. Gaza territorialmente está prácticamente destruida, su devastación alcanza a más de la mitad de los edificios y a la mayoría de las instituciones, centros culturales, escuelas, mezquitas e iglesias que han quedado convertidos en ruinas y escombros. Según datos de la ONU, de los 2,4 millones de habitantes con que contaba la Franja, 1,8 millones; es decir, alrededor del 80% de su población total, han sido obligados a trasladarse al sur por orden de Israel. En consecuencia, las condiciones de vida de dichos desplazados, es de total hacinamiento y desesperación. Como ejemplo, basta decir que prácticamente no pueden moverse y su alimentación depende totalmente de la ayuda humanitaria. Las condiciones de vida, ante la falta de agua y de saneamiento, son extremadamente precarias; ya que hay un retrete para cada 1.000 personas y una ducha para cada 5.000. Lo que unido al nulo sistema de prevención, conlleva un alto riesgo de contraer enfermedades infecciosas como el cólera y el sarampión y otras crónicas, provocadas por virus y bacterias. Y a esta situación hay que añadir los abrumadores casos de atención de salud mental; una circunstancia que afecta, sobre todo, a las personas más vulnerables: niños y ancianos. Y todo ello, sucede como una catástrofe natural, sin que nadie se haga responsable de nada. ¿En dónde se encuentran las personas de origen árabe y de religión islámica? ¿Dónde están todos los defensores de los derechos humanos de Europa y Occidente? ¿Por qué la superpotencia mundial, EE.UU, protege a su aliado israelí? ¿Qué hace Naciones Unidas, más desunidas que nunca? ¿Por qué la comunidad internacional permite a Israel la salvaje e injusta barbarie que está perpetrando contra el pueblo palestino que vive a la intemperie, en condiciones infrahumanas y desprotegido? Y es que a estas alturas de la guerra, cada día quedan menos dudas sobre la diáfana realidad del objetivo que desde el principio se sospechaba: conseguir la total desaparición del pueblo palestino de la Franja de Gaza. Ahora es Gaza, luego tal vez será Cisjordania. Un futuro incierto, en cuyo momento presente del conflicto toman sentido las declaraciones del ministro de Defensa israelí, Yoav Gallant, ante el secretario de Estado de Estados Unidos, Antony Blinken, tras una reunión del gabinete de guerra en Tel Aviv, a finales de octubre del pasado año: "Esta será una guerra larga, el precio será alto, pero vamos a ganar, por Israel, por el pueblo judío y por los valores en los que creemos". ¿Serán quizás esos valores en los que cree el Gobierno de Israel los que figuran en los *Protocolos de los sabios de Sión*, la obra supuestamente escrita por Matvei Golovinski en 1903 como una acción de propaganda antisemita, que ahora se están convirtiendo en realidad?

Sea como fuere, es difícil interiorizar todo el sufrimiento y dolor que llevan padeciendo los palestinos desde hace casi tres meses, infligido por un ejército israelí que practica con saña crímenes de guerra bajo el mando supremo de Netanyahu. Me aterra el carácter ejemplificante que tan atroz disciplina tiene para la inmensa mayoría de desposeídos del planeta: la economía extractivo-acumulativa tiene sus reglas y sus objetivos, y cuando estos no llegan, se aplica para conseguirlos la fuerza bruta perfectamente organizada alrededor de la industria militar, las más efectiva de todas las industrias posibles y gran motor del desarrollo tecnológico y acaparador del planeta. Quizá por ello, ahora, aunque se han alzado voces a favor, ya casi nadie habla, como posible solución al conflicto, de los dos estados de 1948, ni siquiera de los dibujados en verde en 1967, ni del mutuo reconocimiento entre Israel y la OLP, alcanzado en Oslo 1993 entre Yasir Arafat e Isaac Rabin, pues la existencia del pueblo palestino está amenazada por la violencia de una de las fuerzas militares más fuertes del planeta, respaldada por las naciones dominantes de la "cultura occidental" de raíz judeocristiana. Y tras su Estado desaparecerán los palestinos mismos, masacrados, sacados a la fuerza de sus casas y obligados renunciar a todo lo que no sea la mera subsistencia allá dondequiera que acaben su destino, en una "nakba" inevitable y sin vuelta atrás. Y es que, desde mi punto de vista, casi peor que el genocidio que están perpetrando los israelíes, es la actuación cobarde e interesada del resto del mundo civilizado, si es que nos podemos calificar así. Para la posteridad quedarán estos crímenes, este horror y quedarán para siempre, como quedó el Holocausto; pero con la diferencia existente entre ser la víctima o el ejecutor. El crédito que consiguieron los judíos en gran medida lo han dilapidado. Han acreditado ser, aparentemente, buenos alumnos de "aquellos" asesinos nazis, demostrando que también ellos son capaces de lo peor.

Distopía, desinformación e incertidumbre, ¿sabemos hacia dónde vamos?

No sé si es la sociedad del mundo en que vivimos la que con sus tecnologías, ideologías y delirios nos está desconectando a unos de otros o somos las propias personas individualmente, las que con la actual tendencia a aferrarnos a hábitos individuales y rutinas perjudiciales, estamos originando que todo vaya cambiando a un ritmo acelerado en nuestra sociedad y debilitando los vínculos humanos. No lo sé, pero lo que si constato, es que la libertad intelectual, la cohesión social, los principios democráticos, la convivencia etc., que con tanto esfuerzo se fueron construyendo, se están disolviendo con tan vertiginosa rapidez como un azucarillo en el café de la mañana. Y, a su vez, tengo la impresión de que la perpleja incertidumbre individual y colectiva en la que vivimos, se está desarrollando y expandiendo a gran velocidad por medio de las continuas y sorprendentes mentiras, eufemísticamente denominadas *fake news*, que erosionan la confianza, polarizan el debate público, generan odio, fomentan la intolerancia y facilitan el advenimiento de la violencia, de las guerras con sus absurdas justificaciones, los asesinatos por los más espurios motivos, las violaciones de la legalidad vigente y la manipulación de los medios de comunicación por determinados poderes económicos empresariales. Y es que nos hallamos inmersos en plena era de la desinformación y posverdad, caminando en medio de una niebla retórica de la peor especie, en la que la galaxia de partidos de ultraderecha europeos tienen más apoyo hoy que nunca en cuatro décadas y el fascismo fascina nuevamente a amplios sectores jóvenes y no tan jóvenes de la sociedad. Por ello, aunque seguimos avanzando... ¿sabemos hacia dónde vamos.

Después de vencer a la Covid 19 y considerar que lo peor había pasado, pues la pandemia nos había hecho más conscientes de nuestra fragilidad e interdependencia, el planeta ha sufrido y/o sufre ahora, entre otras calamidades, la irracional invasión de Rusia sobre Ucrania, la cruel guerra de Gaza, los terremotos de Turquía y de Marruecos, diversas matanzas de inocentes en calles e instituciones de EE.UU, algunos atentados yihadistas y de la extrema derecha en países de la UE, prolongadas sequías, incendios, inundaciones, erupciones volcánicas... Desastres y cataclismos, todos ellos, que se suceden como si el Dios bíblico castigara con unas nuevas plagas nuestras inhumanas acciones humanas. Vivimos sumergidos por un flujo continuo de informaciones catastróficas que nos provoca ansiedades, miedos, servilismos... Un diluvio de incertidumbres que nos abruma y que pensamos que nunca terminará. Y es en este cielo pesado y cargado de nocivas noticias, en el que las continuas imágenes sobre incompresibles conflictos armados que nos muestran a miles de mujeres y niños inocentes destrozados por las bombas y los variados desastres naturales, comienzan a tener un impacto real en la salud mental de los ciudadanos. Y además, radios, TVs, redes sociales, información de todo, en todos lados todo el tiempo, logran que cada vez haya más personas vulnerables que sin darse cuenta, están siendo interesadamente adoctrinadas frente a las pantallas, accediendo a un gran basurero de estafas, vilezas y odios escondidos. Consecuencia de todo ello, es la alineación mental del individuo, cuya conciencia se va formando en base a la ilusión de veracidad que engañosamente se cuenta cada uno a sí mismo. Una forma de conocimiento asimilable por la actual doxa que vehicula creencias en las mentes de las personas y nos sumerge en el escepticismo, desconfianza e inseguridad con espejismos y falacias. Generando una confusión mental que invade a la sociedad de la llamada gente normal, en una distopía que opera a partir del mandato paradójico; o sea, decir todo y su contrario al mismo tiempo, dando la apariencia de un "razonamiento lógico".

Estamos literalmente construyendo una sociedad de alienados e irreflexivos ciudadanos encerrados en una jaula digital, como si la normalidad y la alienación hubieran formado una carretera de circunvalación paralela a la realidad que nos circunda. Y esta doble confusión mental y emocional, a mi modo de ver, hace que el individuo difícilmente sea capaz de pensar por sí mismo. A la luz de esta defactualización sobre la actual supuesta realidad, me pregunto si continúa siendo posible la esperanza. Y me lo cuestiono porque la esperanza es una idea optimista. No obstante, creo que la actual situación, no debe ser planteada, ni a título individual ni colectivamente como sociedad, en términos de optimismo o pesimismo. Pues no actuamos porque seamos optimistas, ni por el contrario porque seamos pesimistas, sino porque en cualquier circunstancia, debemos hacer lo que tenemos que hacer individual y colectivamente. En este contexto, aunque Albert Camus creía que, pese a todo, en el hombre hay más cosas dignas de admiración que de desprecio, a estas alturas de la historia no está claro si el ser humano es ya un animal doméstico o tiene todavía a medio cocer sus instintos más salvajes. Y es que, quizás, todos los individuos y todas las sociedades somos en el fondo una cosa, y la opuesta, según se mire… *To be, or not to be: that is the question.*

La suerte está echada en Rafah, último refugio de Gaza

Ya no hay transacción posible entre Netanyahu y Biden: o continúa la violencia destructora sionista de Israel o se abre paso la razón pactista para evitar un previsible genocidio en la Franja de Gaza. Esto se da tras el fracaso de la reciente visita del secretario de Estado estadounidense, Antony Blinken, con el primer ministro Benjamín Netanyahu en Jerusalem, el pasado 7 de febrero, para tratar la situación de la guerra en Gaza. Es por ello que en los últimos días, tanto la ONU como EE.UU han manifestado su preocupación ante una posible expansión de la ofensiva terrestre del Ejército israelí sobre Rafah, un territorio fronterizo con Egipto y último refugio en el que malviven evacuados más de un millón de palestinos gazatíes que llevan cuatro meses escapando de los mortíferos bombardeos y combates del resto del territorio palestino. En este sentido, Vedant Patel, portavoz adjunto del Departamento de Estado Americano, en una rueda de prensa celebrada el pasado jueves, ha manifestado su inquietud y perturbación ante la esperada operación israelí sin una adecuada planificación y poco meditada, ya que previsiblemente supondrá un gigantesco desastre humanitario. No obstante las posibles consecuencias, Benjamín Netanyahu no cede y ha hecho oídos sordos a los llamamientos de los Estados Unidos y la comunidad internacional, que intentan evitar la terrible tragedia que puede suponer la intervención militar israelí. No debe extrañar la decisión de Netanyahu, pues el ministro de Defensa Yoav Gallant, ya había hecho varias alusiones en la última semana de que Israel avanzaría hacia Rafah, cuando terminara sus acciones en Jan Yunis, fortaleza de Hamás en el sur de Gaza. En este contexto, la ejecución militar masiva sobre Rafah, de ser llevada a cabo, como probablemente parece que va a ocurrir, requiere la evacuación previa de la población civil de las zonas de combate; pues según el derecho internacional humanitario, el bombardeo indiscriminado de zonas densamente pobladas puede constituir un crimen de guerra. Y, en consecuencia, la intensificación de las hostilidades en Rafah en las actuales circunstancias, podría provocar la pérdida de vidas de civiles a gran escala. Tal vez por esta razón, Netanyahu ha pedido al Ejército y a los dirigentes militares que presenten al gabinete de guerra un plan dual, tanto para la evacuación de la población civil gazatí como para la disolución de los batallones de Hamás que, según el jefe del Ejecutivo, quedan en Rafah, aunque no se ha aportado ninguna prueba de ello.

De momento, las hostilidades continúan e Israel ha comenzado a lanzar algunos ataques aéreos que se enmarcan en la ofensiva del Ejército israelí contra el citado enclave de Rafah, donde en la madrugada del jueves al viernes han muerto otros 107 palestinos, elevándose la cifra de fallecidos desde el comienzo de la guerra a 27.947, de los cuales 12.000 son niños, además de otros 67.500 heridos. A este respecto, contabilizando los últimos gazatíes muertos, se puede afirmar que Israel ha matado hasta la fecha, a algo más del 1 % de la población de la Franja de Gaza. Me pregunto qué pasaría si Hamás, en su acto terrorista del pasado 7 de octubre de 2023, hubiera matado al 1 % de la población de Israel. Desde mi punto de vista, ya no caben equidistancias ni ejercicios melifluos ni dobles raseros. Habría que acabar con la masacre de manera inmediata y darle al pueblo palestino una mínima esperanza de futuro con un Estado independiente y soberano. Sin embargo, nada se hace y lo más aterrador de todo esto, es la cobarde respuesta internacional, la comedia de emitir una orden de arresto de la Corte Penal Internacional contra Putin por su invasión de Ucrania, pero no realizar nada ante la barbarie que está perpetrando Netanyahu en Gaza.

La actitud del Gobierno de Netanyahu es despiadada y reveladora de sus intenciones, ya que desde el primer momento han impedido que haya prensa internacional independiente en la Franja de Gaza. De esta manera, con un feroz apagón mediático, todos los horrores inimaginables que viene cometiendo el ejército israelí, han podido esconderse o al menos logrado que no hayan tenido un gran impacto en la opinión pública internacional y en la del propio Estado de Israel. De hecho, en un ejercicio de repugnante cinismo, la Corte Suprema israelí rechazó un recurso de la Asociación de Prensa Extranjera en Jerusalén que demandaba que Israel autorizara acceso a los periodistas a Gaza. El tribunal rechazó la petición con un fallo en el que reconocía, nada menos, que la violación de la libertad de prensa; pero argüía que su rechazo estaba justificado por motivos de seguridad. Y, además, en el colmo de la desfachatez, indicaban estar preocupados por los reporteros en Gaza; ya que podrían correr riesgos en tiempos de guerra.

Todo lo que está pasando en Gaza y lo que todavía pueda llegar a ocurrir entra plenamente, a mi modo de ver, en el significado de todas las variantes de la definición de genocidio, incluida la deportación masiva de la población gazatí de su legítima tierra. Otra cosa es que en Occidente, sometidos como estamos a la propaganda y manipulación masiva por la mayoría de los medios de comunicación, nos tapen los ojos para que no veamos lo que está a plena vista, pero si algún día salimos de esta situación de esclavitud moral, veremos con horror todo lo que defendimos. La suerte está echada…

Algunas consideraciones a la Resolución del TIJ sobre Gaza

El pasado 25 de enero, el Tribunal Internacional de Justicia de Naciones Unidas (TIJ), habiendo admitido la causa por posible genocidio contra Israel, presentada por Sudáfrica en nombre de Palestina, dictó una resolución en la que instaba al Gobierno de Israel a tomar todas las medidas posibles para "prevenir" un genocidio en la Franja de Gaza. Es decir, en la misma, adoptaba una serie de medidas provisionales o cautelares para proteger a la población civil de Palestina. En este contexto, dicha resolución ha generado una gran controversia y ha suscitado diversas reacciones, tanto a favor como en contra, de distintos sectores políticos, jurídicos, sociales y medios de comunicación. A este respecto, aun no siendo jurista, como he manifestado en algún otro artículo, sí me parece importante aclarar que la resolución del TIJ no es una sentencia en sí misma, sino que es lo que en nuestro país creo que se podría denominar jurídicamente "un auto"; pues el TIJ no se pronuncia ni prejuzga sobre el fondo de la cuestión. La sentencia, como tal, tardará muchos meses, quizá años en llegar; si es que finalmente llega a dictarse. En esta resolución se adoptan sólo medidas provisionales o cautelares. Por eso se requiere a la parte demandada para que, de momento y a corto plazo, adopte una determinada conducta. Ya que, como no se trata de una contienda entre dos Estados, es dudoso que el TIJ hubiese podido imponer a ambos contendientes: Israel y Hamás, un alto el fuego. No obstante, si se puede requerir a un Estado, en este caso el de Israel, para que sus militares no maten ni hieran a los miembros del colectivo civil de Palestina. Y eso es lo que, entre otras cosas, ha acordado el Tribunal.

Por otra parte, considero relevante también subrayar que las medidas adoptadas por el Tribunal fueron casi unánimes; ya que las mismas han sido adoptadas, en unos casos, por 15 votos contra 2 y, en otros, por 16 contra 1; lo que otorga a la resolución una mayor relevancia. Y si bien, en la citada resolución, falta un pronunciamiento específico de alto el fuego, si puede entenderse la sugerencia de que el ejército israelí no mate ni lesione física o mentalmente a los palestinos, como una lectura positiva en ese sentido. De hecho, como bien ha manifestado Sudáfrica, en la práctica, Israel sólo puede cumplir dichos fines de obligado cumplimiento por un medio: el alto al fuego. En cualquier caso, no ha habido entusiasmo alguno en los partidarios a la reprobación a Israel, entre los que personalmente me encuentro. Hay, sobre todo, desesperación, indignación e impotencia. Y no hacen uso, ni utilizo con frivolidad ni ligereza el término "genocidio". Simplemente, cuando muchísimas personas indicamos genocidio, exterminio y masacre, es porque objetivamente es a la conclusión que llegamos viendo las espeluznantes imágenes y testimonios que se nos han venido ofreciendo y exponen a diario las cadenas de televisión y la inmensa mayoría de los medios de comunicación. Por eso, la resolución del TIJ, sobre el conflicto entre Israel y Palestina, consideramos que ha sido injusta y sorprendente para muchos de nosotros. En este sentido, apreciamos y respetamos el significado acerca de lo que la sentencia implica contra Israel y el hecho de que se haya aceptado la posibilidad real de que los acontecimientos que han ocurrido y continúan sucediendo a diario en Gaza puedan llegar a ser considerados un genocidio. Y por ello, se solicita actuar preventivamente para que dicho genocidio no se concrete; es decir, que los palestinos dejen de ser atacados y masacrados como hasta ahora. No obstante, la resolución, como indico anteriormente, nos parece injusta e insuficiente, porque decirle a Israel que pida a sus militares que no cometan actos de genocidio es simplemente ridículo y de nula eficacia. Y, por otra parte, la estimamos sorprendente y arbitraria, porque, si bien en la misma no se exige específicamente a Hamás que devuelva los rehenes, si expresa la Corte su preocupación por los rehenes israelíes en manos del grupo Hamás y pide su inmediata liberación. Un aspecto, aspecto de la situación que NO es objeto de la demanda presentada por Sudáfrica. Es decir, el TIJ abre una especie de causa contra Hamás de *motu proprio*, lo cual jurídicamente creo que es extraño y supongo que bastante incorrecto.

O sea, la resolución del TIJ, a mi modo de ver, es injusta porque el Tribunal excediéndose de la materia que juzga, se pronuncia sobre otras que no son objeto de demanda, exigiendo a Hamás la devolución de los rehenes y, sin embargo, no le pide a Israel el cese de su agresión bélica. En este contexto, aceptando como válido y positivo el obrar del TIJ, se verá fácilmente la injusticia y la falacia de la resolución; pues si Hamás obedece y devuelve los rehenes vivos y muertos, como el Tribunal NO ha pedido a Israel que detenga la masacre en Gaza, dicho Estado, con el derecho ahora de su parte, puede seguir destruyendo, matando y privando a la población civil palestina de la Franja de Gaza, de los más elementales requisitos para su subsistencia: alimentos, combustibles, medicamentos y destruyendo sus hospitales, casas e infraestructuras, todo ello, desde mi punto de vista, constitutivo de un delito de Genocidio. Tal vez, el TIJ hubiera obrado mejor si hubiese seguido la máxima del filósofo inglés Karl Popper, que nos dejó dicho "Quien sea incapaz de hablar claro debe callar hasta poder hacerlo".

Muere Navalni

¡Qué sociedad tan cínica e hipócrita tenemos!, muere Navalni y salen en tromba los EE.UU con su Presidente Joe Biden a la cabeza y sus acólitos de la UE, con Úrsula von der Leyen, Presidenta de la Comisión Europea al frente, a pedir inmediatamente explicaciones a Putin. Mueren 29.000 palestinos y nadie pide explicaciones al sionista genocida Gobierno de Netanyahu.

Queda meridianamente claro que para el ético mundo Occidental es mucho más importante el opositor ruso que los inocentes asesinados en la Franja de Gaza. No me extraña que ante semejante actitud los árabes, en general, odien a Occidente.

Gaza: Apartheid existencial, ocupación y realidad

Digamos las cosas por su nombre: no hay guerra entre Israel y Palestina. Y no existe, porque no hay Estados enfrentados, sólo hay, por parte de Gaza, unas milicias o guerrillas de Hamás que, si bien son terroristas, constituyen una mínima fracción de una población ocupada y refugiada en su propia tierra que se enfrentan a Israel. Y es que la población Palestina que habita esos territorios, tiene la consideración internacional de refugiados en su propio país y, además, vive en condiciones de *apartheid*. Y se hallan en *apartheid*; es decir, en situación de "segregación racial" porque Israel que es el Estado ocupante no les reconoce ningún estatus, no existen, no son ciudadanos. De hecho, la Franja de Gaza no es un país, ni siquiera un territorio, sino realmente un campo de concentración, donde refugiados sin nacionalidad, malviven en su propia tierra. El 90% del territorio de Palestina; o sea, La Franja de Gaza, Jerusalén Este y casi toda Cisjordania, le llamamos internacionalmente "Territorios no reconocidos" y "ocupados" a sus habitantes. En este sentido, al no reconocer Israel a los palestinos de Gaza la posibilidad de que sean y tengan un Estado propio, tendrían que ser, por lo tanto, ciudadanos de Israel, pero pertenecientes a una minoría étnica y con un autogobierno pactado. Y, en consecuencia, Hamás sería un grupo terrorista "israelí" con base en Gaza. Igual que para los EE.UU o la UE, la ETA era un grupo terrorista "español". Desde este punto de vista el conflicto armado actual, por un lado, no es una guerra entre Estados; sino, en todo caso, sería una guerra civil en Israel, donde la mayoría étnica está machacando a una minoría. Pero, por otra parte, no es una guerra civil ya que los palestinos no son ciudadanos israelíes, sino que es pura y simplemente una represión masiva atroz y genocida sobre ocupados y refugiados, la que está perpetrando el Gobierno de Israel con la intención de limpiar el territorio de este pueblo, para dar un salto en su política de extensión colonial. Es por ello que, a mi modo de ver, pedir la devolución de los rehenes sin condiciones y la rendición total de Hamás, es cinismo puro. Tan cínico como decirles a los gazatíes directamente que se marchen a otros países argumentando que así se les evita el sufrimiento.

En todo este amplio contexto, los que se preocupan de leer la historia, podrán comprobar que nunca tuvieron los israelíes un lugar reservado en Palestina. Sino que desde 1948, con el beneplácito y apoyo de los EE.UU y Occidente, los sucesivos Gobiernos de Israel han ido ocupando partes de ese territorio por la fuerza. En este sentido y a los efectos de visualizar el apoyo occidental europeo a Israel, basta darse cuenta en primer lugar de que Israel, sin ser geográficamente un país europeo, participa en todos los eventos y competiciones deportivas europeas y, en cambio, ocupan un territorio asiático en Oriente Medio, pero simultáneamente repudian ser de ese continente. En consecuencia, como Estado son una anomalía y, además, siempre utilizan la tragedia del Holocausto como chantaje.

Por todo ello, considero que El TIJ, cuando proceda a emitir sentencia por la denuncia presentada por Sudáfrica contra Israel por la comisión de actos de genocidio contra el pueblo palestino de Gaza, se encontrará ante un caso que plantea una variante nueva que debería tener en consideración, y es el testimonio ocular de millones de espectadores de TVs, de países distintos que vemos cómo cada día el ejército israelí desprecia la protección debida a la población civil de Gaza. En este contexto, entiendo que el derecho de defensa legítima que invoca Israel, no es un "Derecho absoluto" y no puede ser ejercido en el tiempo de forma indeterminada, de manera continuada y sin límites. El derecho de defensa propia, no implica el traslado obligatorio de poblaciones, la destrucción sistemática de las infraestructuras hospitalarias y civiles en general, la utilización de maquinaria pesada de obras para perder el rastro de los asentamientos de población. Ni tampoco, la utilización de armamento sin considerar sus consecuencias sobre la población. La defensa propia justifica una reacción, sí; pero nunca autoriza una acción continuada e indiscriminada. Además Israel actúa en un territorio de otro y se mantiene en él ocupándolo. Y reitero, no está probado que Israel esté actuando contra un ejército enemigo; pues no hay material bélico de la otra parte, no hay un enemigo o rival. Lo que existe, básicamente, es una población civil indefensa.

No obstante todo lo argumentado, como tenemos una sociedad polarizada e impúdica, es necesario aclarar que decir "las verdades" que uno siente, no es atacar a Israel; pues Israel no es Netanyahu ni su Gobierno, ni tampoco defiendo a Hamás, pues Palestina no es Hamás. Mi crítica opinión es simplemente reclamar el más elemental de los Derechos Humanos para el pueblo palestino: el derecho a la vida. No podemos ni debemos permanecer impasibles ante la matanza de inocentes. Como nos dejó dicho Antonio Machado en su poema *He andado muchos caminos*, Netanyahu y su Gobierno sionista, son un fiel ejemplo de esa "Mala gente que camina y va apestando la tierra…"

Gaza se muere, con un silencio cómplice

Siento la mayor vergüenza posible como persona de la situación en Gaza. Los habitantes que residen en esa Franja de Palestina: niños, mujeres, ancianos y adultos, todos, se mueren de hambre y de sed y los EE.UU nos hablan de que tienen prevista la construcción de un puerto en la costa para dentro de dos meses con la finalidad de que la ayuda humanitaria llegue por mar a dicho territorio. ¡Qué poca vergüenza! Creo que para entonces ya no hará falta y Netanyahu y su Gobierno habrán conseguido su objetivo, matar y/o expulsar a todos los gazatíes posibles y ocupar su territorio. Israel está provocando un genocidio palestino con el beneplácito de la comunidad internacional. No es guerra entre dos ejércitos. Es un asesinato impune de miles de civiles. Por ello, considero que somos también en esto, la UE y todos los ciudadanos que en ella residimos, igual de culpables que aquellos otros europeos que en el siglo pasado consintieron el holocausto, aunque no lo cometieran. Y todo ello, todo nuestro cómplice silencio, para que un Gobierno de un país concreto, "con nombre y apellidos", se le siga permitiendo matar de hambre y sed a decenas de miles de personas. Esto debe ser, fundamentalmente para U.S.A, algo normal y natural y, por eso, sigue apoyando indiscriminadamente a Israel. Tal vez, la razón de esta actitud estribe en que, como dejó demostrado la investigadora estadounidense de la Universidad de Pensilvania, Amy Kaplan, gran parte de la simpatía de los ciudadanos de los EE.UU. hacia Israel se manifiesta por la equivalencia entre la conquista del Lejano Oeste y la colonización judía, entre el colono sionista armado y el "valiente vaquero americano". Y es que el secreto de esta analogía lo desvela el académico israelí Benjamin Beit-Hallahmi en su libro *"The Israeli Connection: Whom Israel Arms and Why"* publicado en 1987, cuando nos dice: "Se puede odiar a los judíos y amar a los israelíes; puesto que, hasta cierto punto, los israelíes no son judíos. Los israelíes son colonos y combatientes, duros y resistentes.". En este contexto cabe preguntarse: ¿es posible aparecer ante la mayoría de norteamericanos como defensor de Israel y, a la vez, contra el Genocidio o su riesgo? ¿Se pueden modificar las estrategias más amplias de seguridad regional que unen a Israel y los EE.UU. o son inamovibles? Sea como fuere, ni lo comparto, ni lo comprendo. Y luego quieren que les consideremos y valoremos como paladines en la defensa mundial de los Derechos Humanos. ¡Qué macabra ironía!

Israel es un Estado que viene cometiendo supuestos crímenes de guerra desde hace 52 años, tiempo en que comenzó la ocupación de territorios palestinos, que desafía las Resoluciones de la ONU y que no respeta la Convención de los Derechos Humanos. ¿Para cuándo Occidente aplicará sanciones político económicas a este país? ¿Cuándo intervendrá con la finalidad de que los colonos judíos ultraortodoxos no se apropien y ocupen tierras palestinas en Cisjordania? ¿Qué es esa actual broma de los EE.UU de arrojar paquetes de comida desde aviones a la hambrienta población de la Franja de Gaza, al mismo tiempo que arman y respaldan al régimen sionista en su genocidio y permiten que Israel retenga la ayuda humanitaria de la ONU? ¿De qué sirve que la UE haga llegar el barco de la ONG española Open Arms, cargado con 200 toneladas de comida, tras un ingente esfuerzo técnico-diplomático y la cooperación de la organización internacional *World Central Kitchen* creada por el cocinero español José Andrés, si la población gazatí se está muriendo de hambre y sed por culpa de que Israel utiliza la hambruna como arma de guerra? ¿Acaso con el lanzamiento de comida desde el aire y la apertura de ese corredor marítimo establecido desde la localidad chipriota de Larnaca, no se demuestra objetivamente que Israel está incumpliendo la orden de La Corte Internacional de Justicia que le exigía y exige tomar medidas inmediatas y efectivas para permitir la prestación de los servicios básicos y la asistencia humanitaria de abastecer a los gazatíes? ¿Puede alguien explicárnoslo?

Dice el sabio refranero español que, "de aquellos polvos vienen estos lodos". Y dice bien en este caso, pues no todo empezó el pasado mes de octubre. No nos dejemos engañar, ya que bastante antes del execrable acto terrorista de Hamás, en un no muy lejano sondeo del Centro de Estudios Estratégicos de la Universidad de Tel Aviv, se aseguraba que el 46% de los israelíes estaban a favor de la deportación de más de tres millones de palestinos de los territorios de Cisjordania y Gaza a los países árabes cercanos. Asimismo, el estudio señalaba que el 31% apoyaba el destierro de la comunidad árabe de Israel; es decir, el 20% de la población israelí, con cerca de un millón de personas. Y el 60% de los encuestados creía que los 11 diputados árabes, sobre un total de 120, "constituyen un peligro" para el Estado judío. Este estudio, con esos porcentajes sobre los encuestados, creo que refleja y clarifica mucho el porqué de esta ignominiosa confrontación.

Es intolerable lo que está haciendo Israel. Es injustificable la actitud de los EE.UU y, en menor medida, la de la UE. Y es vergonzosa la pasividad del resto del mundo. Somos, todos, copartícipes de la muerte de Gaza. El mundo entero lo tolera, empezando por los países árabes. La ignominia nos salpica a todos. Y todo lo que no sea una manifestación ingente, multitudinaria, de millones y millones de personas, no servirá para evitar que Gaza muera.

23 de Abril, Sant Jordi:
Espejos de vidas y sueños

Hoy, 23 de abril, en Cataluña, celebramos dos importantes acontecimientos. Por un lado, festejamos la festividad de Sant Jordi, el noble que, según la leyenda, salvó a su princesa Cledolinda en Mont Blanc o Rocallaura, dependiendo de a quién se le pregunte, matando al dragón y cuyas gotas de sangre, al caer en la tierra, se convirtieron en un rosal que florecía con profusión y del que, el caballero, tomó la flor más hermosa y se la obsequió a su amada. Por otro lado, junto al festivo Sant Jordi, conmemoramos también el Día del Libro. Una celebración que rinde homenaje al aniversario de las muertes de tres emblemáticos escritores como fueron Miguel de Cervantes, William Shakespeare y el Inca Garcilaso de la Vega, hecho que ocurrió un 23 de abril de 1616. Así pues, en este día tan especial, oficiamos y honramos tanto el valor y el amor simbolizados por Sant Jordi, como el inmenso legado literario de estos tres grandes y geniales autores.

En este último contexto, viviendo una época en la que la economía y tecnología digital dominan toda actividad y comportamiento en nuestro proceder, cabría preguntarse si entran los libros en la secuencia de exigencias y aspiraciones de la sociedad actual. ¿Son realmente útiles en nuestras vidas? Sabemos que ocupan mucho espacio en el salón de casa.

Miremos nuestras estanterías, seguro que a más de uno le gustaría colocar allí una televisión QLED de gran pulgada, un equipo de música, un cuadro de algún pintor más o menos relevante, algunos recuerdos de viajes realizados o cualquier otra cosa; pero resulta que no puede ser porque están llenas de libros. Y además, los libros nos exigen mucho tiempo si los leemos, por lo que nos ocupan buena parte del ocio del que disponemos y, tal vez, le apetecería a usted pasarse el día hablando o jugando a la botifarra o viendo alguna serie de moda en la televisión o medio adormilado; pero no puede permitírselo porque necesita leer un libro que tiene pendiente o ya comenzado. En consecuencia, ¿son los lectores acaso un punto de apoyo del que se sirven los libros para seguir existiendo? ¿De verdad merecen la pena los libros? Mi respuesta es clara, categórica e incuestionable: por supuesto que sí; pues como nos dejó dicho el escritor romano Plinio el Joven, "No hay libro tan malo que no sirva para algo". Quizás por ello, la tradición libresca está viva desde hace tres mil años. Se trata de un lapso breve de tiempo si se compara con la historia de la raza humana, pero es muchísimo si lo equiparamos con la vida de un individuo. De una manera u otra los libros se las han arreglado siempre para sobrevivir. Y es que, a pesar de estas consideraciones, no podemos olvidar el valor intrínseco de la literatura y su impacto en nuestra formación personal y cultural. Poder leer a los clásicos, adentrarnos en el mágico mundo de las expresiones cervantinas que reflejan un conocimiento asentado, en considerables ocasiones, en la sabiduría popular, es un viaje enriquecedor hacia el corazón de nuestra cultura y tradiciones, una experiencia que nos permite apreciar la belleza de la literatura y la profundidad del pensamiento humano. Es, en definitiva, una forma de conectar con nuestras raíces y entender mejor el mundo en el que vivimos. Y es que

Cervantes era un genio que se formó y cultivó en los libros y también a base de las dificultades y obstáculos de una vida desventurada que le llevó de aquí para allá a lo largo de su vida: "El que lee mucho y anda mucho, ve mucho y sabe mucho", nos dejó dicho. En verdad no hay mejor forma de aprender y de saber que recorriendo el camino de la vida en compañía de Don Miguel, de Galdós, Machado, Maragall, Rodoreda, Dostoyevski, Proust, Gª Márquez y otros tantos faros de la cultura española, catalana y universal, pues viajar y leer son actividades y condiciones necesarias para conocer. Por ello, acercarnos a los libros, sumergirnos en ellos, es participar de una cultura literaria que nos ofrece emocionantes viajes a través del tiempo y el espacio de todas las épocas. Es también, poder comunicarnos y estremecernos mediante el trato con personas y personajes, toda una diversa y colorida fauna humana con sus propias ideas y emociones. Así como, percibir las alegrías y tristezas, el dolor y el placer, la decepción y la esperanza, pues los libros son unos magos que actúan como espejos de vidas y sueños; aunque a menudo la vida real inventa más que las obras de ficción que leemos. Y es que un libro cobra vida a través del diálogo que provoca, las memorias que rememora y los sentimientos que desencadena. Por eso, todos deberíamos leer, pues los libros son un gigantesco espejo que nos permite entendernos. Es otra manera de entrar en la realidad, ya que los libros y las librerías nos facultan aislarnos del mundo y, a la vez, comprenderla viviendo otras vidas.

Así pues, hoy, 23 de abril, regala rosas y libros, tiempo, regala sueños. Ya que después de leer tranquilamente un libro la vida se ve de otra manera, se aprende y se impone más el sentido común. Denle, amigos lectores, una oportunidad al libro, tiene algo muy original: te hace escuchar, no le puedes replicar y es muy relajante saber que no espera tu respuesta.

La ética política en juego, el poder a toda costa

La ética se define en la RAE como el conjunto de normas morales que rigen la conducta de la persona en cualquier ámbito de la vida. En este sentido, la frustración del PP y Vox, al no conseguir formar gobierno tras las elecciones del pasado julio, ha generado la tendencia a aprovechar todas las ocasiones posibles para perjudicar al PSOE y la Coalición Progresista del Gobierno central, rayana en un visceral odio hacia dichas formaciones políticas. Y es que la cólera que domina por este hecho al PP y a Vox, no les permite ni les interesa, ver y saber todo lo que de positivo ha realizado y realiza en este espacio de tiempo la acción del Gobierno para mejorar la vida del conjunto de los ciudadanos.

La razón de esta actitud de la Derecha y de la Extrema Derecha política, judicial y mediática, de nuestro Estado, es debida a que cuando no gobierna, se bate más por sus intereses partidistas para alcanzar el poder a toda costa que por los derechos democráticos. Ha ocurrido siempre y cada vez lo expresan más claramente a nivel mundial en otros países; lo hizo Trump en los EE.UU y lo han hecho recientemente en Portugal. Y, para ello, su estrategia y acción política como oposición la emplean en cubrirle el rostro a la mentira para que parezca verdad, disimulando el engaño y disfrazando la realidad como sea, a costa de lo que sea y de quien sea.

Creo que en estos momentos decisivos el Presidente del Gobierno, Pedro Sánchez, ha entendido lo que le ocurrió a Pablo Iglesias, Irene Montero, Mónica Oltra y Zapatero, entre otros. Tal vez entonces, el PSOE debió denunciar a la mafia mediática y judicial que en perfecta armonía, utilizan el PP y Vox para conseguir sus fines, convirtiendo la actividad política en un lodazal en el que embarrar a Pedro Sánchez y su familia.

Más allá de las estrellas

Hay muchas cosas que sabemos que no sabemos de la muerte. La muerte es esa sombra silenciosa que, inseparablemente, camina a nuestro lado. La amante misteriosa que nos acecha con infinita paciencia y espera sin decirnos dónde ni cuándo se presenta. Un accidente que se anuncia en el sigilo de una noche cualquiera, cuando la luna argenta el paisaje, o en un luminoso día, danzando su macabra melodía y, con un susurro tenue que eriza nuestra piel, nos hiela el último aliento. Es el recordatorio de nuestra efímera existencia. Un murmullo en el oído que nos señala y avisa del perecedero y fugitivo tiempo de la vida, advirtiéndonos de que cada momento es precioso y, por ello, nos enseña y anima a vivir con valentía, a amar con pasión y a dejar una huella imborrable en las páginas del tiempo que vivimos. La muerte no nos roba los seres amados. Al contrario, nos los guarda y nos los inmortaliza en el recuerdo. La vida sí que a veces nos los roba y, en ocasiones, definitivamente. No hay llanto que detenga su paso, ni súplica que doble su voluntad. La muerte emplaza a todos, a cada uno de los hombres y mujeres, sin dejar entre renglones a uno solo. Es la gran igualadora, la que abraza a reyes y mendigos, a jóvenes y ancianos. Ante ella, todos somos iguales, frágiles hojas mecidas por el viento del destino.

Sin embargo, esa parca inevitable, no debería ser un enemigo a temer, sino un misterio a descifrar. Tal vez, sea únicamente la fórmula que ha buscado la naturaleza para satisfacer a todo el mundo y facilitar una transformación, un viaje a un plano ignoto donde el tiempo se diluye y el alma, espíritu, esencia o energía se libera de las ataduras terrenales y traspasa la puerta en dirección a un umbral desconocido que abre un nuevo capítulo hacia la eterna existencia. Quizás no es un final, sino una transición, un cambio de vestimenta para esa esencia que acompaña a nuestro cuerpo. No es por tanto una derrota, sino una liberación. Acaso sea el último acto de amor del universo, desatándonos de la materia que nos acompañó en vida para permitirnos volar libres en el cosmos infinito. Es el eco de una canción que ha terminado, pero cuya melodía perdura en el viento, como el último suspiro de una tarde que se desvanece en la oscuridad, dando paso a la luz en su camino hacía las estrellas.

Y es que la muerte es parte de la realidad de la vida, aunque no lo queramos ver. Por eso, creo que es importante desarrollar la capacidad de hablar de ella, ya que esa realidad es lo que queda de uno al desaparecer el brillo exterior que nos adorna. De hecho, juzgo que no hay aventura mayor ni más admirable que aprender a ser mortal; dado que, en el momento de morir, nada es importante. En ese supremo acto final de nuestra vida no está presente el trabajo, no está nuestro título académico, ni los méritos, ni los posibles honores, ni la cuna, ni fortunas, y tampoco los amores, ni pasiones, ni principios. Ni siquiera están las frustraciones, ni las inseguridades y vergüenzas. En ese instante final, solo estaremos, cada uno de nosotros, con la conciencia del fin que todavía nos ata al mundo antes de emprender el camino sin retorno con un incierto destino más allá de las estrellas o, tal vez, en dirección hacia la nada. Tal vez por ello, es aconsejable vivir de tal manera, con tal ejemplaridad y con tal dignidad, que nuestra muerte sea escandalosamente injusta. Y es que, como nos dijo Montaigne "Si alguien enseñara a los hombres a morir, les enseñaría a vivir".

En todo caso, cuando llegamos a concienciarnos de la inexorable realidad de la muerte, termina uno aceptando su propia soledad. Por todo ello, no temamos a la muerte. Ya que nosotros partimos, pero la vida permanece. Aceptémosla, pues, como parte de nuestra extraordinaria travesía. Porque al final, todos somos estrellas fugaces en el vasto cielo de la existencia, destinados a brillar intensamente antes de desvanecernos en la eternidad.

Enigmas de nuestra memoria

Qué misteriosa y sorprendente es la memoria humana. Cómo si del más eficaz escribano se tratase, toma nota, registra, clasifica y guarda diligentemente nuestras experiencias, emociones, sentimientos, conocimientos y habilidades. Y no solamente lo guarda, sino que además lo mantiene sin fecha de caducidad, ya que el tiempo del calendario que nosotros utilizamos, significa muy poco para ella. Y es que la memoria, como dijo Endel Tulving, el neurocientífico cognitivo estonio-canadiense y profesor de la universidad de Toronto, es un truco que ha inventado la evolución para que sus criaturas podamos comprimir el tiempo físico. Y de esta forma, convertir un montón de historias que forman nuestra biografía e identidad en un archivo único, íntimo y personal. No obstante, a pesar de poseer tantas habilidades, la memoria resulta para muchas personas una gran desconocida y quizás por ese desconocimiento generalizado, se la minusvalora y relega a un segundo plano en su importancia dentro del complejísimo y casi desconocido órgano que es el cerebro humano. Y tal vez sucede así, porque el fenómeno de la memoria se resiste, como el más impenetrable arcano, a revelar todos sus secretos a la investigación científica, tanto si se aborda desde un plano neurobiológico, como si se hace desde el cognitivo o mental. Y si bien se conoce hoy en día que la memoria humana es una función cerebral que permite al organismo codificar, almacenar y recuperar información del pasado, lo cual quiere decir que es una capacidad fundamental para el aprendizaje, la resolución de problemas y la toma de decisiones; se ignora dónde se ubica exactamente. En este último sentido, los neurobiólogos actuales, están de acuerdo en que el lugar en el que se encuentra la memoria no se circunscribe a una zona concreta del cerebro, sino que, según parece, está distribuida por todo el órgano cerebral y conectada a través de redes neuronales. De hecho, investigaciones de estos últimos años han permitido conocer y entender que la corteza prefrontal está involucrada en la memoria a corto plazo; esto es en la memoria de trabajo y el control ejecutivo que ayuda a mantener y manipular la información relevante para las tareas cognitivas, como tomar decisiones inmediatas o estructurar un discurso. Asimismo, esta región del cerebro, junto con el hipocampo, es también la que almacena la memoria autobiográfica que nos permite recordar, a partir, aproximadamente, de los tres años, los eventos de nuestra vida y la formación del "yo". Igualmente, el hipocampo, que se encuentra en la parte interior del lóbulo temporal, está implicado en la memoria a largo plazo, especialmente en la llamada memoria explícita que contribuye a consolidar y recuperar los recuerdos de hechos y eventos y a formar mapas mentales del espacio, como, por ejemplo, recordar la hora de una cita o un suceso ocurrido hace años. De igual modo, a amígdala, que se localiza cerca del hipocampo, está comprometida en la memoria emocional que favorece codificar y recordar los aspectos afectivos de los recuerdos, especialmente los que están relacionados con el miedo y el estrés. Y de la misma manera, el cerebelo, que se halla en la parte posterior del cerebro, está enredado en la memoria procedimental que es la que ayuda a aprender y automatizar las habilidades motoras, sensoriales y cognitivas, como, por ejemplo, montar en bicicleta o tocar un instrumento musical. Y es que la memoria es una función tan compleja del cerebro que implica varias regiones y procesos, y es por ello, como indico anteriormente, que no hay un único lugar donde se almacenen todos los recuerdos, sino que depende del tipo y la duración de la memoria.

Por otro lado, en contra de lo que tendemos a pensar, los recuerdos que nos aporta la memoria no son representaciones mentales permanentes, sino construcciones mentales transitorias; es decir que cada vez que evocamos un recuerdo, nuestra memoria lo guarda y, por consiguiente, si un determinado recuerdo lo contamos siete veces, la memoria archiva las siete versiones que hemos contado. Y, además, lo que guarda no son versiones literales de los recuerdos, sino más bien exposiciones esquematizadas. Y parece ser que esto lo hace así porque la memoria humana no está diseñada para registrar copias análogas de la realidad, entre otras razones, porque la realidad no existe hasta que una mente la interpreta. En otras palabras, esto quiere decir que no registramos nuestras experiencias como lo hace una cámara, sino que reconstruimos los recueros añadiéndoles emociones o conocimiento agregados posteriormente.

En consecuencia, somos nuestra memoria, ese imaginario museo de formas vacilantes, esa infinidad de espejos rotos que tienden a recomponerse aunque sea a costa de no recomponer la realidad. Un ovillo de palabras e imágenes cuya fragilidad comprobamos al intentar recordar un hecho concreto. Es en esos momentos en los que recurrimos a ella, cuando nos damos cuenta lo vulnerable que es y cómo puede distorsionar erróneamente aquello que recordamos, llegando incluso a elaborar falsas presencias e imaginarias nostalgias y evidencias. Y es que, ya nos lo advirtió Einstein: "Lo que te quepa en el bolsillo, no lo guardes en el cerebro".

Democracia vs. Censura: Assange y González, dos periodistas silenciados

Corren malos tiempos para la prensa. No obstante, tras varios días de vistas y años de batalla legal, el Alto Tribunal de Justicia de Londres decidió el pasado 20 de mayo, autorizar a Julian Assange, el fundador de *Wikileaks*, a seguir recurriendo sobre su extradición a EE.UU. El Alto Tribunal aceptó los argumentos de la defensa de que el fundador de *Wikileaks* puede ser discriminado como australiano y no recibir toda la protección que ofrece la Primera Enmienda de la Constitución de Estados Unidos a sus ciudadanos. A este respecto, cabe recordar que los EE.UU. le acusan de espionaje y hackeo informático al haber hecho público documentos sensibles sobre la seguridad nacional. En este contexto, en caso de que los jueces británicos de la Corte de Londres hubiesen dictado un fallo afirmativo favorable a su extradición, se habría abierto una vía más segura a todos aquellos "poderes" que hurtan información a la que tenemos derecho los ciudadanos y propiciaría, además, un periodismo amordazado y paralizado por el temor ante unos Estados convertidos en falsas democracias y llenos de muchos rasgos de autoritarismo, que no autoridad, sino de dictadura. En cualquier caso, extraditado o no, me temo que el daño ya está hecho y los poderes fácticos ya han conseguido su objetivo: amedrentar a los periodistas, en la medida de lo posible, para que interioricen las posibles consecuencias de publicar determinado material y se lo piensen antes de hacerlo. Es una manera de evitar que siga habiendo funcionarios valientes como el agente del FBI William Mark Felt, el denunciante sin rostro que facilitó al reportero del Washington Post, Bob Woodward, la información del escándalo *"Watergate"*, lo que provocaría la dimisión del presidente Nixon en 1974 o el analista estadounidense de las fuerzas armadas americanas Daniel Ellsberg que, cuando trabajaba en la Corporación RAND, filtró al The New York Times y otros periódicos un estudio de alto secreto denominados *Pentagon Papers*, en los que se demostraban, concretamente, que la Administración Johnson había mentido sistemáticamente, no sólo al público sino también al Congreso, sobre temas de interés nacional trascendentes en relación con la guerra de Vietnam. En ambos casos los periodistas y directores que recibieron la información respondieron con profesionalidad y valentía, frente a la terca resistencia del poder político. Una información que posteriormente, el poder judicial terminó avalando en aras del derecho a la información y de la libertad de expresión. A este respecto, lo que ocurra a partir de ahora con Julian Asssange, tras el reciente fallo del citado Alto Tribunal, será una piedra de toque para saber si las democracias han avanzado o van retrocediendo en este terreno. Y es que el derecho de información es básico para el funcionamiento de cualquier sociedad democrática y sin él, todos salimos muy perjudicados, salvo, obviamente, los que infringen la ley. Considerar que la democracia existe porque cada cuatro años, los ciudadanos votamos a alguien que han decidido los partidos políticos, es, cuando menos, irrisorio. En una democracia plena, los ciudadanos, tenemos el derecho a conocer y saber con veracidad qué está ocurriendo en cualquier parte del mundo; como, por ejemplo, en la actual y trágica ofensiva de Israel sobre la Franja de Gaza, en donde el Gobierno de Netanyahu no permite la entrada de periodistas internacionales independientes. Y, sobre todo, cuando las decisiones que se toman en Organismos internacionales y/o Estados, por parte de un pequeño número de personas, determinan el destino de miles y millones de ciudadanos de cualquier país a cualquier precio, llegando incluso al resultado de ruina, muerte y desolación. Por eso, considero que estamos obligados a defender a aquellos periodistas que, como Julian Assange, nos descubren los secretos oscuros de muchas decisiones políticas promovidas por egoístas e innombrables intereses empresariales, multinacionales y económicos y/o a empleados como el exanalista de la CIA Edward Snowden que entregó a la prensa documentos clasificados que demostraban cómo organismos de inteligencia de Estados Unidos y sus aliados vulneraban la privacidad de los ciudadanos.

El acoso y la cruel tortura que está sufriendo Julian Assange, es una prueba más de la corrupción, la falta de humanidad y el espíritu destructivo que anidan en este "Occidente" nuestro que tanto cacarea de libertades y democracia. Lo que se le está haciendo a Assange no tiene nombre, como tampoco lo tiene lo que le ocurre al periodista español Pablo González, otro caso día a día casi olvidado, que fue arbitrariamente detenido y lleva más de dos años en una prisión de Polonia sin juicio. Encarcelado en una severa prisión de un país de la UE, nuestro organismo paladín de la democracia mundial y vigilante ante las injusticias y la opresión. Pablo González, colaborador de varios medios de comunicación, todavía no tiene acusación, ni fecha de juicio. Trabajaba en el momento de su detención como reportero de guerra en la frontera con Ucrania, fue capturado por los servicios secretos polacos el 27 de febrero de 2022 y, desde entonces, permanece encarcelado e incomunicado, sin saber porqué, en régimen de aislamiento, sin días ni noches, hasta ahora. Parece que han tirado la llave al mar Báltico, dado que ignoran completamente los derechos de este ciudadano de la UE que posee la doble nacionalidad española y rusa, pues nació en Moscú al ser nieto de un exiliado español de los llamados "niños de la guerra". Y, a causa de esta circunstancia, le acusan de aprovechar su condición de periodista para filtrar información a Rusia. Crimen y castigo contra el periodista y vergüenza, una vez más, para la UE, que ni dentro de sus fronteras garantiza la seguridad de según quién en según qué países, a la hora de aplicar leyes democráticas.

¿Qué intereses se esconden de verdad tras el conflicto de Israel en Gaza?

Hablemos con total claridad y expresémonos de manera directa, bombardear indiscriminadamente a civiles, arrasar ciudades, destruir sistemáticamente hospitales y escuelas, matar deliberadamente a periodistas, médicos y trabajadores humanitarios, quemar bibliotecas, provocar hambruna, disparar, incluso a los tres jóvenes rehenes israelíes que habían conseguido escapar de Hamás en Shujaiya, a las afueras de ciudad de Gaza, y que iban a pecho descubierto y con bandera blanca en diciembre de 2023 NO es legítima defensa. Adherirse España a la demanda de Sudáfrica contra Israel por considerar que está cometiendo un presunto genocidio contra la población palestina, No es antisemitismo. Y decir Palestina libre desde el río hasta el mar, es solo repetir lo que se firmó en 1947 en la ONU, por lo que entiendo que tampoco es antisemitismo. Además, semitas son también los palestinos y muchos de los españoles actuales que llevan y tal vez llevamos sangre semita. Por otra parte, recordar la importancia de la presencia hebrea y musulmana en nuestra cultura, es reconocer una realidad innegable. Y que fue una desgraciada decisión de los Reyes Católicos la expulsión de ambas poblaciones de nuestro país mediante el Edicto de Granada, también es una incuestionable verdad y admitir un error histórico. Sin olvidar, además, la angustia sufrida por aquellos conversos que decidieron quedarse y que expresaron en sus obras esa situación, como Fernando de Rojas o Santa Teresa., por citar entre otros muchos, los dos ejemplos más relevantes. Y como no recordar también la interesante literatura y arte de los judíos sefarditas, que todavía conservan el "sefardí", aquel castellano antiguo que hablaban en el siglo XV. Por lo tanto, manifestar y denunciar la inhumana crueldad con la que está tratando a la población civil palestina el Gobierno de extrema derecha y ultraortodoxo de Netanyahu, no es tampoco antisemitismo ni falsear la realidad. Mi opinión trata de expresar lo que muchos ciudadanos sentimos ante lo que vemos y leemos en los medios de comunicación y pedir justicia y derechos para el pueblo palestino que continuamente ha visto mermado su territorio desde que la ONU dictó la Resolución 181 (II), que dividió la región en dos Estados: uno árabe y otro judío, asignando a Israel el 54% del territorio.

En este contexto, es lamentable que a pesar de la trágica pérdida de más de 35.000 vidas en la Franja de Gaza, de las que 14.000 son niños y niñas gazatíes, el apoyo a Israel por parte de algunos políticos en España, la Unión Europea y el mundo, liderados por el presidente Biden de los Estados Unidos a la cabeza, y aireado por algunos importantes medios de comunicación, continúa de forma firme y casi inquebrantable. Esas existencias arrebatadas por el cruel destino, esas inocentes almas infantiles abruptamente silenciadas, esos miles de cuerpos marcados por el dolor y la tragedia, esos huérfanos abandonados en un mundo que les ha robado la luz de sus vidas, nos gritan y nos interpelan. Unos gritos y súplicas que no han pasado desapercibidos para todos, ya que dicha situación, mientras muchos callan, la denunció con valentía, en una entrevista realizada el pasado mes de abril, en el programa "La hora de La 1 de TVE", la periodista Silvia Intxaurrondo, ante a la embajadora de Israel en España, Rodica Radian-Gordon, quien no pudo o supo responder ante la matanza de tantas criaturas inocentes.

Y ante todo esto que de manera corrosiva y horrible sucede bajo la mirada constante de la comunidad internacional, Israel esgrime y lo justifica, una y otra, vez diciendo que es legítima defensa y que los terroristas de Hamás se esconden entre la población civil palestina a la que utiliza como escudos humanos. Una falacia más del Gobierno de Netanyahu, puesto que, de ser así, lo podrían evitar perfectamente. Ya que cualquiera que piense un poco, podrá observar que Gaza tiene una extensa frontera con Israel y Egipto y si de verdad el Gobierno de Israel quisiera proteger a la población civil palestina, podrían habilitarse multitud de pasos fronterizos por donde filtrar a la población inocente gazatí, empezando por las mujeres y los niños que, desde el principio, han obedecido y obedecen las órdenes de traslado de Israel. Unos traslados de población que, en vez de brindarles protección, sirven para concentrarlos en zonas específicas, como ocurre actualmente en Rafah, donde posteriormente son bombardeados sin piedad día tras día o mueren sistemáticamente de hambre y sed, al ser privados incluso de asistencia médica y ayuda humanitaria.

De todo ello se deduce que el verdadero objetivo de Israel es la población civil de Gaza y no las milicias de Hamás que sirven de excusa para una operación de exterminio o bien de brutal represalia para que los que queden no se les ocurra nunca volver o reclamar el derecho a vivir en su tierra, cegando también así cualquier esperanza de paz. Y es que la agenda política del Gobierno de Israel es expansiva, lo ha sido siempre y lo es especialmente ahora. Y para ello, necesita eliminar a la mayor cantidad posible de la población palestina, para apropiarse de los pocos territorios que todavía les quedan.

Y, sobre todo, el interés supremo es controlar todos los ricos yacimientos de gas y petróleo que están en aguas de Gaza y construir un segundo canal para conectar el Mar Rojo con el Mediterráneo que estaría controlado por Israel y para el que necesitan, obviamente, disponer de Gaza. Justificar la salvajada y presunto genocidio que están cometiendo es, a mi modo de ver, continuar mintiéndonos sobre los verdaderos motivos del Gobierno extremista de Netanyahu y de las petroleras americanas y británicas que ya están explotando parcialmente dichos recursos energéticos. Sus políticas asesinas no son reacción a nada, son la materialización progresiva y sistemática de un plan expansionista perfectamente trazado y que hasta ahora se ha llevado a cabo tal como estaba previsto. Por ello, intentar abrir los ojos a la gente que todavía duda sobre las acciones y verdaderas intenciones del Gobierno de Israel no es tampoco antisemitismo.

El Mapa del Tesoro Electoral: Cómo la Izquierda Progresista puede Ganar las Elecciones

Me resultan sorprendentes las quejas y extrañezas de las fuerzas de izquierda y progresistas ante los malos resultados obtenidos en las elecciones Europeas de ayer y el auge de la derecha y extrema derecha. No lo entiendo. El pueblo sabe siempre bien lo que vota y las razones por lo que decide introducir en las urnas una determinada papeleta. No sé para qué los políticos tienen tantos asesores que no alcanzan a percibir lo que exigen los electores a los partidos para otorgarles su confianza. La formula es muy sencilla, por eso, digo que no comprendo su ceguera, pues para convencer a los ciudadanos basta con exponerles y prometerles lo más obvio; aquellas acciones políticas que reclaman insistentemente los potenciales electores en manifestaciones, asambleas en los centros de trabajo y hasta en tertulias en los bares. Son fundamentalmente estas:

a) Revalorizar las pensiones anualmente un 0'25%, siempre que sea posible y no ligada, como actualmente ocurre, al IPC, que es una barbaridad.

b) Privatizar en la medida que se pueda la Sanidad Pública para fomentar la competencia, y permitir que las empresas ganen dinero y puedan crear puestos de trabajo precarios, ya que La Sanidad privada se mantiene con tu enfermedad, mientras que a la Sanidad Pública lo que le interesa es tu salud; y esto es un disparate.

c) Potenciar la Escuela Privada en detrimento de la Pública. mientras que la Educación Pública es financiada y gestionada por el Estado y es gratuita, la Educación Privada es gestionada por entidades privadas que al ser empresas requieren a los padres el pago de tarifas o cuotas mensuales. Y eso está muy bien, porque el que puede pagar así no tiene que mezclarse con determinadas clases sociales.

d) Expulsar del país a todos los inmigrantes que nos roban lo puestos de trabajo. De esta forma muchos nacionales españoles que no alcanzan a realizar la campaña de la recogida de la fresa en la provincia de Huelva, ocuparían esos puestos de trabajo que están fantásticamente bien retribuidos y lo harían en las condiciones laborables más adecuadas.

e) Exactamente igual, sería una buena medida económica expulsar a todos los inmigrantes subsaharianos que vienen a Cataluña a la recogida de campaña de la fruta, para, de esta forma, poder contratar a nacionales catalanes y/o españoles que están deseando poder ocupar esos puestos de trabajo tan fantásticamente bien retribuidos.

f) Reducir los impuestos a las grandes empresas: Porque, ¿quién necesita infraestructuras públicas cuando puedes tener más multimillonarios? Además, todos sabemos que las grandes empresas son grandes patriotas y siempre reinvierten sus beneficios en la economía local y/o nacional y nunca los depositan en paraísos fiscales.

g) Eliminar todas las regulaciones medioambientales: Porque, ¿para qué se necesita aire limpio y un planeta habitable cuando puedes tener un crecimiento económico del 0.1% adicional? Además, el cambio climático es solo una *Fake News* cuya teoría está aún sin demostrar, ¿verdad?

h) Privatizar todas las carreteras y autopistas: Porque nada expresa mejor la palabra "libertad" como tener que pagar un peaje cada vez que sales de tu casa. Y si no puedes permitírtelo, siempre puedes caminar o montar en bicicleta, lo cual es bueno para la salud.

i) Abolir el salario mínimo: Ya que, verdaderamente, ¿quién necesita un salario digno cuando puedes trabajar por menos del coste de vida? Además, siempre puedes pedir más horas de trabajo si necesitas más dinero.

j) Desregular completamente el mercado de la vivienda: Porque, ¿acaso alguien precisa una vivienda asequible cuando puedes tener un mercado inmobiliario inflado que beneficia a los inversores? Si no puedes permitirte una casa, siempre puedes continuar viviendo en la de tus padres o irte a vivir en una tienda de campaña.

k) Promover la Amnistía de esos próceres de la Patria que sin maldad ni intención alguna de delinquir se vieron envueltos, sin querer, en causas judiciales y sufrieron el cruel destino de la cárcel. Como, por citar algunos ejemplos, ocurrió con: Álvaro Lapuerta. Ex tesorero del PP; Luis Bárcenas Gutiérrez. Ex tesorero del Partido Popular; Ángel Sanchís Perales. Ex tesorero del PP.; Rodrigo Rato. Ex presidente del Gobierno de Aznar y de Bankia; Sonia Castedo. Alcaldesa de Alicante.; Luis Díaz Alperi. El ex alcalde de Alicante; Jaume Matas. Ex presidente del Govern Balear y ex ministro de Medio Ambiente de Aznar.; Los acusados del Caso Gürtel; Carlos Fabra. Ex presidente de la Diputación de Castellón y del PP provincial… etc. En este contexto, sería muy bien visto por la ciudadanía, otorgarles una medida de gracia como la Amnistía, similar a la que han otorgado a los dirigentes y colaboradores necesarios del Procés de Cataluña.

Todas estas propuestas reflejan, como puede darse cuenta cualquiera que piense un poco, unas políticas efectivas y justas. La política debe centrarse en el bienestar de todos los ciudadanos, no solo en el de unos pocos privilegiados. Con ellas, los electores votarían entusiasmados a los Partidos de Izquierda y Progresistas, tal y como han hecho con medidas muy similares a los partidos de Derecha y, sobre todo, de Extrema Derecha, en España y en Europa. Y, por último, no dejen de manifestar en mítines y hasta colocar en las papeletas de votación ese fantástico y sensible lema de libertad:"Me gusta la fruta".

Aplicando todas o la mayoría de estas medidas, los partidos de 1zquierda y progresistas tendrían el éxito electoral asegurado, como ha ocurrido a sus oponentes de Derecha y Extrema Derecha. ¡Sí, así como lo oyen! Sería como si hubieran encontrado el mapa del tesoro escondido en el fondo del mar. Así que, queridos partidos de izquierda y progresistas, ¿qué están esperando? ¡Adelante, apliquen esas medidas y vean cómo se despliega su éxito electoral! El pueblo, siempre sabio, nunca se equivoca, Y recuerden, si no funciona… bueno, siempre pueden culpar a la mala suerte, ¿verdad? Pues, como dijo un día Henry Ford, el empresario industrial estadounidense, "El fracaso es siembre una gran oportunidad para empezar otra vez con más inteligencia".

El dilema del CGPJ: ¿Renovación o Reforma?

A los ciudadanos nos resulta incomprensible que el Consejo General del Poder Judicial lleve más de 2000 días, es decir, unos 5 años y medio sin reformarse a causa del bloqueo que practica el PP y la negativa del PSOE a modificar la norma de acceso al mismo antes de su renovación. En este contexto, no voy a entrar en cargar las responsabilidades solamente en uno de los partidos concretos; pues, desde mi punto de vista y creo que de la mayoría de los ciudadanos, los causantes del desaguisado son ambos, los dos partidos mayoritarios del Parlamento del Estado. Cada uno en su cuota correspondiente de incumplimiento de la Ley, a quienes la Constitución impone unas mayorías mínimas para ponerse de acuerdo en la designación de los nuevos componentes del CGPJ. No obstante y en este sentido, si es plausible que tenga bastante mayor responsabilidad el Partido Popular, puesto que la necesidad de contar con el voto de los tres quintos de la Cámara Baja para su renovación, ha permitido durante este largo tiempo y consiente y proporciona al PP hacer un uso torticero de la Norma; ya que, sin sus votos, el bloqueo, como viene haciendo, está garantizado. A este respecto, como dice el jurista español y magistrado emérito del Tribunal Supremo, José Antonio Martín Pallín, no es comprensible que para la elección de los miembros del CGPJ se requieran una mayoría más fuerte que para elegir el

Presidente del Gobierno del Estado. Tal vez por todo ello, Pedro Sánchez, en la reciente sesión de control al Gobierno en el Senado, ha dado un ultimátum al PP para renovar el CGPJ si no se desbloquea la actual situación, indicando que presentará una reforma para su renovación si no hay acuerdo a finales del presente mes de junio.

A estos efectos y en las actuales circunstancias, si bien el PP y PSOE son los principales causantes de esta anómala situación, no son los únicos actores. Y es que, los jueces y juristas que componen el CGPJ, de alguna manera, son también víctimas y, a la vez, parte interesada de la misma. Pues, a pesar de que la Constitución no pide, ni siquiera insinúa una dimisión de los miembros del CGPJ, cuya pervivencia es insustituible, cuando los dos partidos son incapaces de llegar a una transacción negociada o simplemente descartan alcanzar un acuerdo para su renovación, tampoco la prohíbe ni se opone a ella. En consecuencia, el actual Presidente interino por suplencia CGPJ, Vicente Guilarte Gutiérrez y el resto de los miembros que componen dicho Consejo, podrían forzar su renovación dimitiendo todos ellos en bloque, tal y como hizo a título individual el antiguo presidente del Consejo General del Poder Judicial y del Tribunal Supremo, Carlos Lesmes en octubre del 2022, y presentar su renuncia al cargo al amparo de lo establecido en el artículo 588.2 de la Ley Orgánica del Poder Judicial.

Llegar a ser juez o fiscal en nuestro país no es sencillo. Para acceder a dicha profesión se requiere, en primer lugar, haber obtenido una licenciatura en Derecho y después superar una durísima oposición que conlleva estudiar un programa de 328 temas de materias de Derecho. Y, una vez superadas las pruebas de acceso, los nuevos miembros de la carrera judicial, además de haber demostrado una sólida formación jurídica, se les exige habilidades de comunicación efectiva, capacidad de análisis y razonamiento, imparcialidad, ética y vocación de servicio; así como contar con habilidades de liderazgo y trabajo en equipo. En este sentido y a tenor de estas últimas características que se les atribuye que poseen, me resulta sorprendente que los actuales miembros del CGPJ, en ocasiones, actúen presuntamente más como parte interesada que como imparciales servidores de la Justicia. Manifiesto esta opinión porque el paulatino y creciente desprestigio que el CGPJ está cosechando a ojos de un gran número de ciudadanos, es consecuencia no solamente de la actitud obstruccionista del Partido Popular, sino también, a mi modo de ver, de la connivencia del propio Órgano Constitucional de Gobierno de los Jueces que, a veces, considero actúan más como políticos que como garantes de las garantías jurídicas y procesales de los ciudadanos y se manifiestan en asuntos que afectan a la política partidista, en beneficio del PP.

En suma y pocas palabras, si el pueblo soberano elige al Poder Legislativo y éste, por delegación suya, designa al Poder Ejecutivo, ¿quién debe elegir a los veinte miembros que componen el Consejo General del Poder Judicial? ¿Los propios jueces como quiere el PP o, tal y como la Ley determina, el Congreso y el Senado eligen cada uno a cuatro vocales entre abogados y juristas de reconocida competencia y prestigio y los otros doce vocales serán jueces y magistrados elegidos por todos los miembros de la carrera judicial? *That is the question.*

Financiación Autonómica, un reto complejo

Cataluña siempre ha sido importante dentro del conjunto del Estado español. Lo sigue siendo, tanto en el plano político como en el económico que tanto se debate en estos días. En este último sentido, la Constitución Española, desde su promulgación, estableció un marco legal para la organización territorial del país y reconoció la existencia de dos sistemas financieros en España. Por un lado, las Comunidades Autónomas que tienen competencias en áreas como educación, sanidad, cultura y alguna otra más, que poseen su propio sistema de financiación en el que se incluyen impuestos y transferencias del Estado central. Y, por otra parte, las Comunidades Forales, que son, como todo el mundo conoce, Navarra y el País Vasco, que tienen un sistema financiero especial basado en sus propios regímenes fiscales y de recaudación de impuestos. Es decir, desde su nacimiento, se dejó cojo el sistema financiero del Estado al reconocer dos regímenes o procedimientos diferentes. Es por ello que, reformar esa asimetría y/o conceder a Cataluña una determinada "singularidad", es y se convierte en una tarea muy complicada. En todo caso, lo que parece evidente, a mi modo de ver, es que la financiación de las Comunidades y Ciudades Autónomas debería negociarse entre todas las comunidades y en el seno del Parlamento del Estado; puesto que España es diversa, sí; pero los ciudadanos se supone que somos iguales, vivamos donde vivamos.

Indudablemente, el tema es complejo. Cataluña aporta mucho al Estado y por ello, se infiere que debe percibir, en justicia, más de lo que actualmente recibe. Parece razonable. No obstante, siguiendo con esta premisa, cabría considerar que los ciudadanos que más aportan por su renta a las arcas públicas, deberían obtener más recursos que otros en determinadas cuestiones; como, por ejemplo, una mejor Sanidad, Educación, Dependencia, Transporte Público etc. Sin embargo, eso no se hace, pues sería un disparate. En este aspecto, extrapolando la cuestión, podríamos decir que la financiación autonómica es como una tarta, y si alguien se lleva más, llamémosle "singularidad", a los otros les queda menos para repartir. Creo que es así de fácil. Hacienda es un juego de suma cero y, por consiguiente, parece que no hay soluciones del tipo de sacar un conejo de la chistera. Por lo tanto, si se cambia una Norma que ayude a un lado, le afectará ineludiblemente al otro. ¿Que la Norma actual NO es justa? Estoy convencido. ¿Qué se puede hacer entonces…? En este sentido, teniendo escasos conocimientos económicos, me he molestado en acceder a la Oficina Virtual para la Coordinación Financiera con las Comunidades Autónomas, en la que he encontrado abundantes datos sobre la financiación, normativa y otros aspectos relacionados con las CC.AA. en España. Y, además, me he leído la Ley 22/2009, que establece el sistema de financiación de las CC.AA. y Ciudades con Estatuto de Autonomía.

En consecuencia, con la citada información y aún siendo consciente de poder cometer errores de interpretación, me atrevo a opinar, *grosso modo,* lo siguiente. Una posible solución, tal vez, sería trasladar el modelo de Cupo al resto de Comunidades Autónomas que no lo tienen. Y para ello, el Estado cedería a las Comunidades Autónomas de Régimen Común la totalidad de los ingresos tributarios obtenidos en su territorio por los impuestos similares que hoy están concertados con Euskadi y Navarra; es decir, IRPF, Sociedades, IVA, etc. De esta manera se pasaría, de la situación actual de responsabilidad tributaria limitada de las quince CC.AA., a la de plena responsabilidad tributaria que, a día de hoy, tienen reconocida solamente las cuatro Haciendas Forales de País Vasco y Navarra. Seguidamente, habría que extender la metodología de Cupo a las quince Comunidades Autónomas. Para lo cual, siguiendo la actual metodología concertada, se establecería un modelo de aportación al Estado basado en el peso del PIB de cada Comunidad Autónoma sobre el total Estatal. Y, a este respecto, la capitalidad, sería una competencia a pagar al Estado. Todo ello, se completaría con unos mecanismos transparentes y exigentes de solidaridad inter-territorial, contra proyectos aprobados, y siguiendo el criterio de ordinalidad. O sea, según el orden de preferencia que se establece para asignar recursos o competencias tributarias entre las distintas CC.AA. Por ejemplo, algunas CC.AA. pueden tener prioridad en la recaudación de ciertos impuestos o en la gestión de determinadas tasas, según su posición en la jerarquía de competencias. Este orden jerárquico se establece en función de la legislación y los acuerdos entre el Estado central y las comunidades autónomas.

Finalmente, en este supuesto teórico, cada Comunidad Autónoma contribuiría al sostenimiento de las cargas generales del Estado, de acuerdo con lo que supusiera su PIB sobre el conjunto del PIB del Estado español. Y, de esta forma, considero que quedaría absolutamente claro cuánto aporta cada Comunidad Autónoma a las cargas generales del Estado. Y, al mismo tiempo, reflejaría directamente cuál sería la ventaja que tendrían las Comunidades Autónomas de menor Renta per Cápita al pagar menos Cupo. Lo cual permitiría conocer el esfuerzo fiscal de cada Comunidad y su capacidad de gasto. No obstante, dicho todo esto, convendría no olvidar lo que nos dejó dicho el filósofo y economista británico John Stuart Mill y es que, "Ningún problema económico tiene una solución puramente económica".

Democracia americana en crisis:
El duelo Biden vs. Trump

Parece surrealista, pero es la realidad. Que un individuo condenado y faltándole varios delitos por juzgar, pueda llegar a ser el hombre más poderoso del planeta, es un grave síntoma que nos dice mucho del deterioro de la democracia americana. Y es que la democracia de los EE.UU, a pesar de su fama, deja mucho que desear; sobre todo por sus procedimientos de elección, tanto a nivel del Poder Judicial, como de su Sistema Electoral. En este sentido, nosotros que tanto nos quejamos del sistema de elección de los miembros que acceden al CGPJ de nuestro país, si lo comparamos con la forma en la que se eligen los miembros de la Corte Suprema de los EE.UU, somos una superdemocracia. Ya que la Corte Suprema de Justicia de USA está constituida por 9 jueces que son elegidos directamente por el Presidente, que son confirmados por el Senado y cuyos mandatos no expiran; lo que significa que mantienen su puesto de por vida.

Y, respecto al Sistema Electoral Estadounidense, da mucha pena comprobar cómo ha colapsado y es incapaz de servir con eficacia a los intereses de la Confederación. Y es que ha llegado a tal grado de corrupción sistémica en las dos formaciones políticas mayoritarias, Republicanos y Demócratas, que pervierte los resultados y hace dudar de su eficacia. Un ejemplo claro es comprobar cómo el Partido Republicano no tiene pudor alguno en presentar a un supuesto delincuente como candidato a la Presidencia. Un mentiroso compulsivo que justifica todos sus desmanes con tal de regresar al Poder y que, en caso de resultar vencedor en los comicios del 5 de Noviembre, intuyo que pondrá a los EE.UU y al mundo, en una deriva peligrosa. Y, en el Demócrata, por su parte, a pesar de algunas voces en contra, persisten en mantener como candidato a un anciano desnortado y caduco, con lapsus mentales constatables y una nula capacidad decisoria. ¿Se han vuelto todos locos? ¿Quién gobierna realmente en el país de las barras y estrellas? No creo que sea el actual Presidente Biden. Da desazón y, a la vez, mucho recelo la situación; pues, sea quien sea el elegido, genera estremecimiento pensar que tienen "el botón rojo" sobre su mesa. A este respecto, el debate de la CNN, entre el presidente Joe Biden y el expresidente Donald Trump, que se llevó a cabo en Atlanta el pasado 27 de junio, dice mucho, además de la fragilidad de un candidato y de la tóxica retórica y maldad del otro, sobre el deterioro de la propia democracia de los EE.UU. En este sentido, como dijo en cierta ocasión Yanis Varoufakis, exministro de economía griego, cabría preguntarse: "Hay democracia en EE.UU, ¿en serio?".

Biden nunca debió haber llegado a ser Presidente, fue el fruto de la incapacidad del aparato Demócrata para adaptarse a la nueva realidad sobrevenida tras el fracaso de los incumplimientos electorales de Obama y la pérdida de ilusión y de esperanza de millones de electores que, con su abstención, abrieron las puertas a Trump, que contó con el apoyo incondicional de las generaciones de marginados y olvidados por un sistema extractivista implacable. Estimo por ello, que elegir entre un desalmado como Trump y un anciano que ha sobrepasado con creces la edad de jubilación no debe ser fácil. Sobre todo, porque la elección en USA no solamente afecta a los ciudadanos de los EE.UU, sino que, además, condiciona al mundo, ya que los intereses de sus élites son los que gobiernan la realidad global. Trump es la referencia del Partido Republicano y de la *Jet* más retrógrada y corrupta de los EE.UU, frente a la otra más letrada y liberal representada, al menos teóricamente, por el Partido Demócrata. Dadas las circunstancias, considero que ni Biden ni Trump son los líderes que necesita actualmente la comunidad internacional y sociedad democrática global ante la crisis climática, tecnológica, demográfica, en un entorno de dumping económico y social y de pobreza estructural de las mayorías. A tal efecto, es probable que en un ámbito dominado por redes sociales divulgadoras de *fakes* y de grupos mediáticos al servicio del extractivismo salvaje, las democracias representativas hayan perdido su función y, por ello, tengan que reinventar los procesos de elección.

En este amplio contexto, sería lógico que el país más poderoso del planeta, si es que todavía lo es, cuidara un poco más la imagen de su Presidente. Pues, si bien sabemos, o por lo menos intuimos, que en EE.UU el Presidente no manda mucho, ya que las decisiones más trascendentes están casi siempre en manos de los halcones del Pentágono, de los dirigentes de la CIA y/o la NSA y de la grandes corporaciones industriales como la industria armamentista, es recomendable que, al menos, sea elegida una persona capaz de ejercer el correspondiente liderazgo mundial en las Cumbres del G-7 y del G-20 y/o los Foros políticos de Davos y de Desarrollo Sostenible. Es por todo ello, que juzgo que los actuales candidatos a las elecciones americanas de noviembre, Biden y Trump, Trump y Biden, representan el fracaso del Sistema Electoral de los EE.UU, incapaz de proporcionar candidatos adecuados al pueblo americano a quien puedan votar y elegir para ser digna y debidamente gobernados.

Eurocopa 2024: ¡Vencimos!, gracias a la inmigración y la diversidad

El pasado domingo vencimos a Inglaterra y nos coronamos campeones de la Eurocopa. Esa noche, todos nos sentimos expertos seleccionadores y patriotas. Apreciamos a los españoles de origen magrebí, a los afrodescendientes, a los hijos de inmigrantes y a los descendientes de emigrantes y/o nacionalizados, sin importarnos su procedencia ni el color de su piel.

Tres millones de españoles de la diáspora residentes en Europa, en América y en cualquiera de los rincones del mundo donde les acogieron, celebraron también el éxito. Y recordaron cómo sus padres y abuelos escaparon de la guerra, de la hambruna y las penurias de la dictadura de Franco, en barcos de vapor y/o vagones de madera de Renfe, en busca de una vida mejor.

Pero, pasada la eufórica resaca del domingo, el mismo lunes, una banda de políticos indecentes, racistas y xenófobos, volvieron a debatir y enzarzarse sobre el futuro de esos 6.000 niños menores no acompañados que se encuentran en Canarias. Ellos, son también hijos de la emigración que simplemente desean estudiar, trabajar, enviar cuando un día puedan algún dinero a sus familias y que asimismo sueñan con poder jugar al fútbol en la selección o en el patio de una escuela.

Ser un país acogedor y un destino para la inmigración es un orgullo y una satisfacción. Aquellos que prefieran volver a ser solamente emisores de emigración deberían reflexionar sobre ello. Y para aquellos que creen que las migraciones se pueden detener, les invito a leer más al respecto. Ya nos lo dejó dicho el novelista y político francés André Malraux: "Si de veras llegásemos a poder comprender la inmigración, ya no podríamos juzgar".

Feliz semana.

Eurocopa 2024: Victoria y reto migratorio

Este pasado domingo, "la Roja" logró un hito nuevamente. Vencimos a Inglaterra y levantamos la Eurocopa por cuarta vez. La alegría se extendió por toda España. Fuimos millones los que celebramos el triunfo de la Selección Nacional Española Masculina de Fútbol con el orgullo de ser españoles. No nos importó de dónde procedían nuestros jugadores, ni el color de su piel. En ese mágico momento del éxito deportivo, nadie se planteó que uno de ellos es hijo de padre Marroquí y madre de Guinea Ecuatorial, que otro, aunque nacido en Pamplona, sea negro de ascendencia Ghanesa, que Joselu haya nacido en Stuttgar, (Alemania), por ser hijo de unos emigrantes gallegos o que Laporte y Le Normand sean franceses de origen, pero nacionalizados españoles. Y es que este pasado día, a la hora de levantar el trofeo de la Eurocopa 2024, todos los jugadores, sin distinción de origen ni procedencia, eran españoles. Y esa fiesta deportiva, no solo la celebramos los que vivimos en España; sino que a nosotros y con nosotros se unieron esos tres millones de compatriotas que residen en Argentina, México, Venezuela, Alemania, Bélgica, Francia, Suiza etc… y hasta los 927 que viven en Oceanía. Españoles unos, que encontraron refugio, hace ya bastantes años, huyendo de la guerra, el hambre y la miseria franquista buscando un futuro mejor, y otros más recientes, persiguiendo oportunidades laborales superiores a las que se les ofrece en nuestro país. Unos y otros, hombres y mujeres valientes que han ondeado orgullosos banderas españolas recordando que son hijos y/o nietos de la emigración.

Pero…, pronto se acabó la fiesta y regresamos a otra cruda realidad. Y una vez más, hemos visto a una parte de la clase política de la Derecha y Ultraderecha demostrando su incapacidad para comprender la evidencia. Discutiendo sobre el futuro de miles de niños, de miles de sueños, a veces rotos. Son esos casi 6.000 menores no acompañados, hijos, nietos y hermanos de otros migrantes que han llegado a nuestro país y que solamente quieren y pretenden estudiar, trabajar, ayudar a sus familias y tener una vida mejor. Migrantes llegados en busca de paz, trabajo y una vida más digna. Migrantes directos o indirectos, como Lamine Yamal y Nico Williams, esos dos muchachos que visten con mucho orgullo la camiseta de la Roja, elegida además libremente porque ambos podrían haber jugado en las selecciones de los países de origen de sus padres. Es por ello, que si el futuro de esos miles de menores extutelados que se encuentran en Canarias, es motivo de debate racista y xenófobo, es que hemos fracasado como sociedad, porque hemos olvidado los valores de la solidaridad, la empatía y la acogida que antes y ahora otros pueblos, otras naciones, realizaron y realizan con nosotros.

Ser un país de inmigración creo que es un orgullo, no una vergüenza. Es una muestra de nuestra riqueza cultural, de nuestra capacidad para integrar y abrazar a aquellos que persiguen una vida más prometedora. Y es que "migrar" es abrir un nuevo capítulo en nuestro proceder y tener la valentía de escribir una historia diferente, pues nos permite descubrir la vida desde una perspectiva más amplia y enriquecedora, convirtiéndonos en ciudadanos de un mundo sin fronteras que nos limiten.

Nuestra sociedad ha cambiado profundamente en estos últimos decenios, basta con mirar a nuestra alrededor para comprenderlo. Tras la oleada migratoria de finales del siglo XX, que llevó a millones de españoles a buscar mejores oportunidades en Europa y en el mundo, nuestra patria ha experimentado un giro radical, transformándose en un país receptor de inmigrantes. En la actualidad, cerca de tres millones de extranjeros residen en territorio español, representando el 13% de la población total. Este fenómeno social de gran magnitud ha generado, como era de esperar, una serie de desafíos que requieren soluciones urgentes. En este contexto, la integración de los recién llegados se convierte en un elemento crucial, y la igualdad de oportunidades se erige como piedra angular para alcanzarla. Y para ello, se requiere un esfuerzo conjunto por parte de todos los actores sociales, desde las instituciones públicas hasta la ciudadanía en general. Y el Estado del Bienestar debe jugar un papel fundamental en este proceso, garantizando el acceso a la educación, la sanidad y los servicios sociales en igualdad de condiciones para todos los habitantes, independientemente de su origen.

Hoy el mundo, y nosotros con él, es más diverso, más mestizo, más cosmopolita y esa es nuestra mayor fortaleza. Nos guste o no, España es ya tan diversa como la hemos visto en nuestra selección nacional de fútbol. Por consiguiente, ¡Viva España, Campeones de Europa!; pero no olvidemos nunca los valores de la solidaridad y la acogida, pues son una parte fundamental de de nuestra identidad. Ya nos lo dejó dicho el novelista y político francés André Malraux: "Si de veras llegásemos a poder comprender la inmigración, ya no podríamos juzgar".

Biden renuncia al trono del Imperio

La vida es imprevisible en la corte americana. Después del debate de la CNN, entre el presidente Joe Biden y el ex presidente Donald Trump, que tuvo lugar en Atlanta el pasado 27 de junio pasado, Dios ha hablado a través de dos milagros. Uno ha recaído en el candidato Trump, que le atribuye haberle permitido salvar la vida ante el atentado sufrido. Y el otro sobre Biden, pues apelaba a que el Señor Todopoderoso bajase a la Tierra y le dijera: "Joe, sal de la carrera presidencial". Y, menos mal que, gracias a Dios, afortunadamente le ha hecho caso. Ambos, deben de haber experimentado algo muy parecido a una experiencia lisérgica.

Dejando al margen la personificación e hipérbole de las respectivas anécdotas de los citados candidatos, la renuncia de Joe Biden a la candidatura a la Casa Blanca tras semanas de fuertes presiones, abre una etapa de incertidumbre de consecuencias imprevisibles para Estados Unidos y para el resto del mundo. Kamala Harris no tendrá nada fácil convencer al sector más tradicional y elitista del Partido Demócrata; no obstante, esperemos que la nominen. Y, en todo caso, en el supuesto de que sea elegida como contrincante de Trump, considero que tendrá que utilizar todos sus atributos racionales, analíticos y creativos del neocortex, para encontrar la estrategia adecuada y tomar las decisiones más inteligentes en el segundo debate previo a las elecciones presidenciales de EE.UU, que tendrá lugar el próximo martes 10 de septiembre, en la sede de la cadena de televisión ABC News. Pues, solamente así podrá aguarle la fiesta al cerebro reptiliano de Donald Trump que atiborrará, en el citado debate, a la audiencia y a sus votantes con un ejército de mensajes falsos y simplones, vociferando para dar a los electores una brutal embestida plena de sanguinolentas recetas.

Kamala Harris es una mujer negra hija de jamaicano y tamil hindú, nacida en EE.UU, abogada de profesión y a la que no le han regalado nada. Una mujer inteligente, trabajadora y luchadora que, como digo anteriormente, en caso de ser elegida como nominada del Partido Demócrata a la Casa Blanca, tal vez pueda llegar a ser una gran presidenta si vence en la contienda. No obstante, la decisión del Partido Demócrata todavía no está tomada, pues si bien el ex presidente Bill Clinton y la ex secretaria de Estado y ex candidata Hillary Clinton, han sido explícitos en su apuesta por Harris; otros líderes relevantes del partido, como Barack Obama ha animado a designar a un candidato extraordinario y ha mantenido silencio respecto a la vicepresidenta, al igual que ha hecho la influyente congresista californiana Nancy Pelosi. Por su parte, el Partido Republicano ya tiene candidato oficial. Donad Trump, el presunto corrupto golpista, ha aprovechado el fallido atentado para presentarse en Milwaukee con el estigma del "Santo Apósito en la oreja derecha", siendo aclamado por las multitudes como un nuevo césar y mago redentor. De hecho, la viralizada imagen del candidato con la cara ensangrentada, rodeado de guardaespaldas que en ese momento estaban arriesgando su vida por él, levantando el puño sobre el fondo de un cielo azul en el cual ondeaba una bandera de Estados Unidos, es todo un síntoma del plausible devenir de la contienda electoral americana . Esa imagen es la historia, la indisciplinada y caótica historia reciente de los EE.UU, que otorga a Donald Trump el casi regalo de la presidencia de su país. Tanto es así que en su alocución de Milwaukee tras ser elegido candidato, dijo a los cautivos asistentes textualmente: "En 2016 declaré que soy vuestra voz, hoy añado que soy vuestro guerrero, soy vuestra justicia. Y para aquellos que han sufrido agravios y traiciones, yo soy vuestra retribución" (sic). Está claro que de ser elegido en noviembre como Presidente de los EE.UU, creará un nuevo dios a su imagen y semejanza.

USA está en decadencia desde hace tiempo. Por más que repitan su eslogan, no es una democracia homologable con las exigencias europeas. Es más, no existe el derecho de voto universal ni remotamente; pues, por anacrónico que parezca y sea, hay Estados que exigen ser propietario de un inmueble para poder registrarse como votante y lo asombroso es que es legal. Es un sistema presidencialista; es decir, el Presidente es a la vez Jefe del Estado y Jefe del Gobierno Federal. Asimismo, las elecciones presidenciales no se ganan por mayoría de votos populares de los ciudadanos, sino de compromisarios del colegio electoral. Lo cual conlleva que un candidato pueda ganar la presidencia sin haber obtenido la mayoría de los votos populares a nivel nacional, como ya ocurrió en las elecciones de 2016. Por otra parte, el sistema carece de una legislación elemental sobre temas tan relevantes como, por ejemplo, la posibilidad de inhabilitación de un determinado candidato para cargos públicos. Todo ello deriva en que el Presidente disfrute de un inmenso poder, como es la capacidad para nombrar personalmente magistrados vitalicios del Tribunal Supremo, su derecho presidencial y personal de amnistía, que es ilimitado, la facultad de imponer legislativamente una visión extremista de la religión cristiana a todos los ciudadanos y un larguísimo etc.

En consecuencia, parodiando la segunda estrofa del famoso poema "Españolito", perteneciente a la obra *Proverbios y cantares* de Antonio Machado, podríamos decir: Entre una América que amenaza y otra que divaga, americanito que vienes al mundo te guarde Dios, porque las dos Américas te empañarán la razón. Y es que como decía el escritor Gore Vidal, en EE.UU hay dos partidos: un partido de derechas el Demócrata y otro prácticamente fascista el Republicano.

Futuro incierto ante la estrategia de Israel

Ismail Haniyeh ha sido asesinado por Israel horas después de que Hezbolá confirmara la muerte de su comandante Fuad Shukr en el ataque de Israel a Beirut del pasado 31 de julio. Y es que en el contexto internacional, una de las monstruosas anormalidades de las prácticas de Israel ha sido la constante eliminación selectiva de sus adversarios a lo largo de su historia. En este contexto, dicen algunos analistas políticos que estas acciones de eliminar selectivamente a dirigentes de Hamás y/o de la milicia chiita de Hizbulá, que perpetra Israel por medio del Mossad, el servicio de inteligencia, no llevan a ninguna parte. Craso error, pues cada acción de Israel consigue una reacción también violenta de sus enemigos; tras la cual, les sirve de pretexto a los sionistas para ocupar un poco más de territorio y matar unos miles más de palestinos utilizando la seguridad como excusa. Y es que sí que conducen a un sitio, llevan a la ocupación total del territorio y el exterminio del pueblo palestino. Paso a paso, metro a metro, muerto a muerto... Sin embargo, no nos engañemos, Israel solo hace lo que le autoriza EE.UU. Es su brazo ejecutor en Oriente Medio. Que no haya confusión alguna. Pues lo que vemos en Palestina de manos del Estado de Israel no es diferente de las acciones de EE.UU y sus aliados, fundamentalmente el Reino Unido, contra tantos otros pueblos, en esa y otras regiones del planeta desde el siglo XIX. Por mucho menos de lo que hace Israel, cualquier país del mundo estaría marginado de la comunidad internacional, como se ha hecho recientemente con Rusia. Pero, mientras Netanyahu y su genocida Gobierno cuente con el apoyo incondicional de los EE.UU y de gran parte de la comunidad internacional occidental, los israelíes seguirán amenazando y matando a los que intenten oponerse a ellos.

Es evidente que entre Israel y Palestina hay un conflicto. Pero la resolución de conflictos no depende solo de lo que la otra parte hace o no hace, depende de lo que uno mismo, la propia parte, intenta y hace. En este sentido, la pregunta que muchos ciudadanos nos hacemos es ¿cómo quiere Israel acabar esta guerra? Porque es evidente que ni con atentados selectivos ni con bombardeos masivos y generales va a acabar con Hamás o con cualquier otro grupo que lo sustituya, ni tampoco va a conseguir la devolución de los rehenes y mucho menos vivos En realidad la pregunta sería ¿quiere y desea Israel, y en concreto Netanyahu y su extremista Gobierno, acabar esta cruel guerra? Porque lo que parece con semejantes acciones y tal vez pretende es aumentarla a toda la región del Medio Oriente. El Estado de Israel lleva mucho tiempo esperando esta guerra regional. Su objetivo, que ya ni siquiera es objeto de disimulo por su parte, es conseguir lo que ellos llaman "El gran Israel" y llevar a cabo su propia teoría del espacio vital como en su día hizo la Alemania nazi. Es por ello que Israel sólo cumplirá su destino cuando ocupe el mayor territorio posible de Palestina y expulse o extermine a sus enemigo, es decir, a los palestinos. Y otra pregunta, de momento, sin respuesta ¿puede el Estado de Israel estar constantemente en guerra y con su población movilizada? ¿Se lo va a aceptar el pueblo israelí? Y aquí creo que está la clave de todo, ¿consentirán y soportarán los israelíes una constante movilización e ideología de guerra? Lamentablemente, por ahora parece que si…

No obstante, la estrategia del Estado de Israel de control y dominio militar en la región, antes percibida como necesaria, ya no se entiende de la misma manera. En este contexto geopolítico cambiante, la acción cometida por Israel se la ve como peligrosa y desestabilizante, lo que genera más inseguridad y acabará perdiendo su sentido, especialmente si se quiere llegar a un mundo donde reine la paz. ¿Hasta dónde van a dejar las potencias occidentales, con EE.UU a la cabeza, que Netanyahu, su ejército y servicios secretos manejen a su antojo este conflicto que puede tener consecuencias nefastas para el mundo? Tal vez, él día que vean los israelíes caer las bombas en sus ciudades, y sus habitantes afectados, todo cambiará y la Paz será posible. Desde luego con la dinámica actual no lo es.

A este respecto, un punto a destacar es cómo y por qué Israel mata al negociador de la posible paz y alto el fuego en la actual guerra de Gaza, en plena visita oficial en otro país, considerado además su gran enemigo. Se trata de un acto evidente intencionado para romper todo tipo de puentes y provocar una guerra más amplia. Todo da a entender que Netanyahu, ha elegido un momento concreto y un país preciso para provocar una guerra regional, que es lo que estás intentando hacer a toda costa desde hace tiempo. En este aspecto, considero que se avecina algo más gordo, Irán no puede dejar pasar este asesinato de un dirigente político que encima participaba en las negociaciones de Paz, sería debilidad y en un entorno, donde ese es el peor de los pecados, creo que la guerra está servida siempre y cuando Irán tenga el apoyo incondicional de Rusia, que está ávida por encontrar más aliados, y de China que puede ser un magnífico suministrador de armamento.

Dicen que Israel es una democracia. Yo no lo creo o, al menos, a mi modo de ver, no se comporta como un país democrático. No obstante, en el supuesto de que sí lo sea mi última pregunta es ¿aprueban o aprobarán los ciudadanos israelíes esta posible guerra sin sentido...? Aquí lo dejo.

Hipótesis de la simulación y el desafío de la normalidad

Hace unas semanas, tuve conocimiento de una investigación liderada por el renombrado físico de la NASA, Thomas Campbell, cuyo objetivo es elucidar una teoría con el potencial de transformar radicalmente nuestra manera de entender y concebir el cosmos. Es la llamada *Hipótesis de la simulación*, que propone que nuestra realidad podría ser una compleja simulación. En este sentido, no sé si dicha conjetura es cierta o no; pero de lo que si estoy seguro es que algo parecido a una simulación ha ocurrido con el regreso y fuga de Carles Puigdemont el pasado día 8. Y es que efectivamente, aunque ha costado verlo, creo que el expresidente de la Generalitat hace tiempo que se convirtió en personaje y dejó de ser político. Tal vez sea como parte de la herencia que la tradición cervantina, en la figura del personaje *Perot lo lladre*, cuyo callejón encontramos entre la calle Portaferrisa y del Pi, dejó en la Ciudad Condal en los cinco capítulos de su inmortal obra el genio de Cervantes. Y digo esto, porque el Líder independentista, como un nuevo Pere Rocaguinarda en tiempos modernos, polariza a la sociedad catalana. Y al igual que el legendario bandolero, es venerado por muchos seguidores como un héroe popular, mientras que para otros tantos, las autoridades lo persiguen y demonizan con razón. Ambos, a pesar de sus contextos históricos muy diferentes, comparten la característica de ser figuras controvertidas que suscitan pasiones encontradas entre la población catalana.

Asimismo, en este contexto, tampoco debemos olvidar el histórico y bohemio *Callejón del Gato* que inspiró a Valle-Inclán, el lucido gallego creador del esperpento, para escribir su obra *Luces de Bohemia,* que en estas fechas cumple cien años. Y cuyos personajes Max Estrella y su amigo Don Latino, se pasean por las calles de Madrid, terminando en el citado *Callejón del Gato*, famoso por sus espejos curvos que deforman la figura de quien se refleja en ellos. Y es que dichos personajes, proyectados en Puigdemont y Boyé, tras los hechos ocurridos el pasado jueves en el Arco del Triunfo de Barcelona, deforman la imagen de la política actual catalana y la hacen aparecer, a menudo, distorsionada por intereses partidistas, medias verdades y una constante búsqueda de culpables. Siendo ambos, en todo lo que concierne a ese acto, las figuras claves en esta trama en la que, a través de sus espejos, han intentado con sus acciones y discursos deformar la realidad de la normalización de la política que se estaba realizando a escasa distancia en el Parlament de Catalunya.

El expresidente autoexiliado de la Generalitat de Cataluña, regresó a España en un movimiento que sorprendió a muchos y dejó en evidencia a las fuerzas de seguridad. Puigdemont, logró entrar al país y, tras una breve aparición pública, protagonizó una fuga que ha generado una ola de críticas y debates. El suceso ha suscitado múltiples respuestas. Por un lado, los seguidores de Puigdemont celebran su habilidad para desafiar al sistema y evadir la captura, viéndolo como un acto de astucia y resistencia. Y por otra parte, como indico anteriormente, hay fuertes críticas hacia las fuerzas de seguridad por su incapacidad para detenerlo. Este episodio pone en entredicho la eficacia de los Mossos d'Esquadra y los servicios de inteligencia, y plantea preguntas sobre la coordinación y ejecución de las operaciones policiales en situaciones de alta visibilidad y sensibilidad política. Su habilidad para regresar a Cataluña y luego escapar puede ser interpretada como una burla al sistema judicial español, lo que podría sembrar dudas en la población sobre la capacidad de las instituciones para hacer respetar la ley de forma eficaz. En todo caso, este incidente subraya, a mi modo de ver, la complejidad y los desafíos a los que se enfrenta el país en la gestión de su situación política interna.

De todas maneras, la realidad nos muestra que El Parlament ha consumado el cambio de ciclo en Cataluña con la elección de Salvador Illa como Presidente de la Generalitat. El independentismo ha perdido el poder y los catalanes que desean la independencia no llegan actualmente, según sondeos de opinión, al 39%. A Junts le corresponde solventar sus problemas internos con un Puigdemont dimitido y, si finalmente es detenido y encarcelado, que pueda ser indultado mientras se le aplica la amnistía.

La investidura de Salvador Illa conlleva un renovación de etapa. Ahora bien, todas esas frases, repetidas aquí y allá, de fin del "procés", de la rotura de la dinámica de bloques, del regreso de la política social; entiendo que vale para tertulianos, pero no para los buenos periodistas que saben bien de todos los entresijos de la política. Estoy con ellos y pienso que no hay nada roto, nada ha terminado, que nadie piense que el independentismo ha muerto. Simplemente, ahora está huérfano de dirigentes y queda, casi todo, en espera. Lo dicen los protagonistas, es de sentido común. Muchos de los que vivimos en Cataluña lo sabemos. Las certezas llegarán con el tiempo. Aunque nadie puede descartar nada, pues la contingencia siempre está agazapada.

Queda por ver qué y cómo se legisla, pero bien podríamos estar, si se cumplen las promesas, ante una mejora del sistema autonómico del que, ordinalidad incluida, nos beneficiemos todos. En la misma estela, convendría evitar que los diputados de Junts sientan descrédito de seguir apoyando a un Puigdemont nuevamente huido; pues puede ser la mejor manera de que éstos se avengan a conducirse de nuevo institucionalmente y permitir así que salga adelante, además de la legislatura catalana, también la nacional. Ya que la cuestión, a nivel nacional, que tiene Junts ahora, es elegir entre apoyar al PSOE o dejarlo caer apoyando a PP/VOX. Interesante dilema del que no pueden escapar.

Relato: Días de verano

A veces, uno sale y se aleja de un lugar, pero solo se distancia el cuerpo. Eso me ocurre a mí cada año cuando comienzo las vacaciones de verano. Y es que al llegar a mi destino habitual, meto la mano en la cápsula del tiempo y sin saber bien de dónde vienen, se presentan ante mí los veranos de mi infancia y juventud. Conocí el mar recién llegado del Madrid de la postguerra cuando aún no había cumplido cuatro años. Fue en la bonita y acogedora ciudad atlántica de Arcila, Marruecos, en la que viví escasos meses. Recuerdo bien aquel primer día en el que tras caminar un buen rato cogido de la mano de mi madre, por un enjambre de callejones repletos de casas blancas y azules recién pintadas que casi deslumbraban cuando el sol se posaba sobre ellas, llegamos a la playa y contemplé la inmensa masa de agua que seguía más allá de lo que mis ojos alcanzaban a ver en el infinito horizonte. La mente de aquel niño, no entendía nada, tampoco por qué era salada aquella agua. Cerca de mí, había un chico con una gorra azul jugando en la orilla con las olas. A su lado, una señora rubia y pintada de rojo la boca y las uñas de sus pies y manos, no perdía detalle de lo que hacía el pequeño, mientras hablaba con mi madre. Quizás era su hijo. Son recuerdos de aquella perdida y dorada inocencia...

Hoy, regreso al presente desde aquellos tiempos de la infancia y aunque llevo aquí solo unas horas, ya me parece que vivo hace días en esta Dorada Costa. Debe ser que, en tan escaso trecho, he tenido el tiempo suficiente para librarme del calor, ajetreo y bullicio de Lleida. He llegado al Baix Camp con el cansancio que a mi edad ocasiona conducir escasamente hora y media en el coche. Y con los ojos colmados por los paisajes del Segriá, ahora gradualmente frutícolas y llenos de vida y antes agrestes y solitarios, y los desmontes semiáridos salpicados de almendros, olivos y pistachos de Les Garrigues, que atraviesan la autopista. Al llegar a nuestro destino, el sol estaba ya muy bajo. Salió a nuestro encuentro de entre unas lejanas nubes y un resplandor rojizo pareció incendiar el horizonte de la tarde. Fue un momento mágico.

Entramos en casa. Deshicimos la pequeña maleta. Sacamos los cojines que colocamos con cuidado en el tresillo de la terraza y nos sentamos a descansar. Desde el porche, gozando de una refrescante cerveza, contemplábamos las palmeras, las adelfas, los rosales, la buganvilla, el esquelético limonero, los cuatro tomates que cultivo en una especie de huerto, al tiempo que nos acariciaba la olorosa fragancia del jazmín y el de la hierba recién segada. A lo lejos se oía el murmullo del mar que llegaba hasta la terraza. Entre sorbo y sorbo, aproveché el tiempo para ordenar los pensamientos que asaltaban mi cabeza en esos momentos de plácida calma. Pues el tiempo, es esa materia de la que está formada la vida.

A esa hora del atardecer surge una extraña brisa, casi secreta, que llaman la marinada y que incluso en los días de más calor circula sin norte por esta Costa Dorada. Y es a esa hora, cuando las sombras alargadas por los altos pinos empiezan a cubrir las calles y caminos y los vencejos surcan el cielo como aviones de caza, que el Paseo Marítimo nos invita a pasear. Salimos, pues, de casa. La suave animación del crepúsculo, el murmullo de la gente y el tintineo de los vasos en el chiringuito cercano a la orilla de la playa, junto al bullicio festivo de los niños en el parque del camping, creaban una atmósfera única y especialmente agradable.

Con esa luz ya tibia pero que todavía no declina totalmente, las cosas se ven con mucha precisión desde la escollera del espigón de la riera, a la que nuestro caminar nos ha llevado. Y esa concreción y exactitud visual es idéntica a la que tienen los sonidos que hasta nosotros llegan. Cada uno aislado y completo en sí mismo, cubriendo a veces una larga distancia, de modo que una voz distante o el silbido de un pájaro escondido en un lejano tamarindo, parecen estar muy cerca, pero son invisibles, como también lo es el motor lento de un coche que oímos pero que tampoco vemos. Echamos una última ojeada al viejo búnker contra el que chocaban con fuerza las olas y cogidos de la mano, regresamos despacio, saboreando el misterio del ocaso. La brisa marina, cargada de sal y nostalgia, acariciaba mi rostro y, por unos instantes, me transportaba de nuevo a aquellos interminables días de juegos infantiles y risas sinceras. Las luces del paseo marítimo se encendieron reflejándose en el agua como luciérnagas atrapadas en un sueño. Y sin decir nada me acogí al silencio, que tiene una pureza cóncava como de interior de aljibe, y en ese lento caminar, a pesar de mi sordera, iba oyendo los pasos sobre el enlosado pavimento del paseo. Lo que íbamos viendo, camino ya de casa, mientras caía la tarde e iba llegando la noche, lo dice mejor que yo Antonio Machado en la penúltima estrofa del poema *Yo voy soñando caminos*: "La tarde más se oscurece/ y el camino que serpea/ y débilmente blanquea/ se enturbia y desaparece". Llegamos finalmente a nuestra morada cuando la luna se asomaba con cautela, el cielo se teñía de un azul profundo y comenzaba a salpicarse de tímidas estrellas que emergían una a una, como si fueran los recuerdos que, al caer la noche, despertaran.

Atardecer en Bata, el susurro del océano

En ese ir y venir de mi memoria, aparece en estas fechas una estampa: Bata, Guinea Ecuatorial. De aquel verano recuerdo casi todo: el ruido de unos niños guineanos jugando en la plaza de la catedral de Santiago Apóstol y Nuestra Señora del Pilar; la vista de la Playa de Utonde, con su arena blanca y aguas cristalinas; los atardeceres en el Paseo Marítimo, que ofrecía vistas panorámicas del océano Atlántico, donde el sol se sumergía en el horizonte creando un espectáculo de colores vibrantes; el Casino Militar español, ubicado cerca del puerto, que era un punto de encuentro social y recreativo para los jefes y oficiales del personal militar español y sus familias destinados en aquel paraíso; la terraza de mi casa en la Plaza del Reloj, en la que mitigaba el calor con un refresco mientras contemplaba la luz anaranjada que llenaba el cielo, al tiempo que el sol desaparecía lentamente por el oeste. Y es que los veranos son, a veces, solamente esto: sensaciones indelebles que guardamos en el arcón de la memoria toda la vida.

Se asegura que África embruja, que te inocula un elixir contra el que no existe antídoto y cuyo efecto dura para siempre, eternamente... Y creo que es cierto. Yo quedé atrapado por él desde mi primera llegada a Marruecos y mis posteriores estancias, aunque breves, en Guinea y el Sáhara Español. En aquellos años y a esa juvenil edad, mi desarrollo vital estaba en plena expansión, por lo que no debió de ser casual mi avidez por descubrir y asimilar todo lo que me rodeaba en aquel entorno absolutamente inigualable. Desde el primer momento me consideré un ser afortunado por ello y así lo sigo valorando hoy día, después de más de medio siglo de mi estancia en aquél paraíso guineano. Recuerdo, curiosamente, que el reencuentro con mi padre, al que no veía desde hacía algo más de dos meses, pasó a un segundo plano, en comparación con mi interés por el lugar y su efecto detonante en mi interior, desde el momento en que me sentí feliz y seguro en aquellas tierras.

Hoy, transitando por este ocaso de mi vida, qué lejos me quedan aquellas vacaciones de aquellos veraneos dilatados, juveniles y propicios para el devaneo y los primeros amores, en los que la medida del tiempo era tan diferente a la de ahora. Añoro aquellas vacaciones de verano… Eran años en los que el ocio ocupaba el tiempo y se adueñaba del espacio y la quietud se convertía en el puro disfrute de unas presencias todavía insólitas para mí. Ver caer el sol como un susurro sobre aquel mar ecuatorial y observar cómo ardían las aguas del océano, cómo mis ojos se enrojecían, no sé si por la luz que despedía el horizonte o porque presenciaba el atardecer más bello del mundo en una completa soledad. Y es que recuerdo como, por un momento, las aguas se tiñeron de un color púrpura que nunca anteriormente había visto. Y luego, lentamente, fascinado por aquel maravilloso espectáculo en el que el astro rey se sumergía perdiéndose en la líquida inmensidad, fueron tomando un tono rosáceo que maravillaron aún más mi absorta mirada. Me sentía hipnotizado ante tanta belleza. Mi corazón biológico latía con tal fuerza dentro de mi pecho que notaba cómo la sangre galopaba por mis venas repercutiendo en mis sienes. En aquellos mágicos instantes, me sentí unido a la naturaleza de una misteriosa forma que solamente he vuelto a percibir, otro verano en otro inmenso mar de arena, en el corazón del Sáhara… Conservo en mi memoria aquel momento tan real en el que, poco a poco, me pareció despertar como de un sueño. El aire estaba tibio, pero paulatinamente comenzaba a enfriarse. Mis pies desnudos se dejaban acariciar por las suaves olas en la orilla. Iba cayendo el día. Una gran paz llenaba mis pensamientos que tomaron los colores tiernos e indecisos del crepúsculo, mientras me abrazaba un silencio ensordecedor. Contemplaba atónito aquel inacabable océano que con celo guardaba todos los secretos, todos los anhelos de aquellos que un día, obligados, partieron de su orilla hacia el horizonte infinito de otros mundos, llevando marcada la sal como un tatuaje en la piel de los enamorados. Historias de una historia que en el instituto me habían explicado.

Tantos años después, separado del aquí y del ahora que fue, sigo buscando en cada atardecer una pizca de aquella magia que viví en Guinea. Es un anhelo que me acompaña siempre y que me recuerda que la vida está llena de momentos preciosos que debemos preservar. Y es que, aunque el tiempo pase, la huella y presencias de aquel y otros veranos seguirán brillando en mi corazón como estrellas en la noche más oscura. Tal vez por eso, en estos postreros días de verano, unas veces de manera consciente y otras a través del filtro submarino de los despiertos sueños, vuelve de manera insistente a mi memoria aquel ocaso en el que el sol se despedía con una sonrisa dorada en el horizonte y un silencio nuevo preservaba la intimidad recién alcanzada contra la avidez del tiempo que parecía haberse detenido. Un tiempo presente que fue y ya no es más que el eterno pasado de otro tiempo.

Fronteras abiertas, corazones cerrados: el dilema migratorio

Una vez más, aunque de manera acentuada en este año al llegar estas fechas, cuando la calma del Mediterráneo acerca África a Europa y en el Atlántico las corrientes son propicias para llegar al Archipiélago Canario, la situación en España con respecto a la llegada de inmigrantes se ha vuelto crítica, y los centros de acogida se encuentran desbordados, especialmente en regiones como Ceuta o las Islas Canarias. Ante estas circunstancias, Pedro Sánchez ha realizado una gira por África Occidental, que ha incluido Mauritania, Gambia y Senegal, centrada en la migración irregular. En este contexto, durante el viaje, el Presidente del Gobierno ha firmado diversos acuerdos para frenar el éxodo clandestino y promover vías regulares. Sin embargo, la gira ha generado una agria polémica con los partidos de la oposición, PP y VOX, que acusan a Sánchez de provocar un efecto llamada en África, en lugar de combatir a las mafias.

Por otro lado, la Unión Europea se pone a la defensiva sobre este tema y predica que en las fronteras de África; o sea, en los claros límites del mundo desarrollado con el subdesarrollado, justo en ese lugar donde nadie quiere estar, es posible garantizar la seguridad y los Derechos Humanos al unísono para evitar la avalancha de inmigrantes. Una protectora seguridad y defensa de fronteras que, *manu militari*, ejercen y proporcionan los fieles guardianes de los Estados fronterizos de tránsito, cuya apariencia de legalidad sobre los citados Derechos Humanos la prestan y prestarán las socorridas ONGs. Actividades, ambas, financiadas con fondos europeos, que todo lo pueden, cuando es necesario y preciso a los intereses generales de la UE.

Sin embargo, tal forma de ver las cosas olvida que la inmigración es un hecho social muy complejo, protagonizado por seres humanos que tienen capacidades, motivaciones e intereses idénticos a los nuestros, a los que estamos a este lado de la frontera. Los subsaharianos que arriesgan sus vidas navegando en inestables cayucos u otros medios, saben bien que la sociedad consumista a la que quieren llegar acoge perfectamente a los extranjeros africanos ricos que pueden derrochar cuanto quieran y ocupar el lugar que el mercado les tiene aquí reservado. Mientras que a ellos les va a resultar muy difícil hacerse un hueco, porque sólo poseen la riqueza de su fuerza de trabajo al ser mano de obra, sea ésta cualificada o no, y por consiguiente son percibidos como foráneos usurpadores de recursos. Unos indeseables, aunque sean imprescindibles para ese 24% del PIB que producen en la economía sumergida. Y es que, para los inmigrantes estimulados por la globalización, que se dejan la vida en cualquier frontera europea, la duda no es tanto estar arriba o estar abajo, ser más o ser menos, algo que remite a las relaciones económicas y sociales internas, sino estar dentro o estar fuera. Es decir, formar parte de la estructura de producción y consumo dentro del sistema del bienestar o esperar fuera a que éste les incorpore en forma de curiosidad cultural o turística. En este sentido, consolidado el actual y brutal desequilibrio económico-social y planteado tal estado de necesidad de los inmigrantes, creo que resulta muy difícil regular el ritmo de llegada, nadie podrá establecer un sistema de vigilancia que no sea burlado. Por eso España seguirá siendo un faro de arribo y/o puente de tránsito para la inmigración, sea o no circular ésta. Además, a este respecto, conviene no olvidar, que la emigración es un derecho humano. En concreto, el Artículo 13 de la Declaración Universal de Derechos Humanos, firmada por todos los países del mundo en París en 1948, establece que: 1º Toda persona tiene derecho a circular libremente y a elegir su residencia en el territorio de un Estado y 2º. Toda persona tiene derecho a salir de cualquier país, incluso del propio, y a regresar a su país. Entender esto es básico para hablar del resto.

Es por ello que, desde mi punto de vista, el mensaje que ha transmitido el Presidente del Gobierno desde Mauritania, considero que es oportuno, correcto y quizás el único que aporta alguna solución, pues la inmigración es precisa e ineludible para nosotros y para Europa, aunque también nos traiga algunos problemas que habrá que saber gestionar sin caer en el racismo, la xenofobia y la falta de humanidad. De hecho, aunque la necesidad de inmigrantes en España es un tema complejo y multifacético, según el Banco de España, se estima que el país necesitará cerca de 25 millones de inmigrantes en edad de trabajar hacia el año 2053 para afrontar el envejecimiento de nuestra población y resolver los desajustes en el mercado laboral. En este sentido y tal vez por ello, el Gobierno ha insistido en destacar que la migración debe incluir mecanismos de cooperación, como, por ejemplo, los programas de "migración circular" que, en el transcurso del citado viaje, se han abordado y discutido con el objetivo de alcanzar acuerdos. Unas iniciativas diseñadas para gestionar la migración de manera ordenada y segura y que permiten la contratación de trabajadores en sus países de origen para que realicen trabajos temporales en España en sectores como la agricultura, el textil y el turismo y, una vez finalizado el periodo de trabajo, los inmigrantes regresen a sus países de procedencia. Crucemos pues los dedos para que la iniciativa puesta en marcha sea un éxito y dejemos de ver tanta muerte inútil, miseria y dolor.

El suicidio, un silencio devastador

Un suicidio es siempre demoledor y el silencio solo agrava la situación. Los familiares y más íntimos allegados que rodean a las personas que padecen problemas de salud mental, tampoco saben qué hacer ante estos sucesos. De hecho, cuando salió la noticia de que Verónica Forqué, se había quitado la vida, la información causó una verdadera sorpresa en la sociedad y estupor, de manera especial, en muchos de sus amigos del mundo de la cultura. Y es que la *omertà*, que casi siempre rodea a estos tristes hechos como si fuera tabú hablar de ellos, produce un profundo agujero en el corazón de las personas más cercanas que, con empeño, intentan encontrar alguna causa o justificación concreta que les permita apartar de sus pensamientos y sentimientos un determinado grado de culpabilidad, por no haber hecho o sabido hacer algo para evitar su muerte. Quizás por ello, generalmente, a los seres queridos del fallecido, el acontecimiento les genera un pozo de tristeza que se instala en sus corazones para quedarse y formar parte permanente de su nueva manera de ser. En este contexto, Robert Redford, en 1980, dirigió su primera película titulada "Gente corriente". Una película en la que trata cómo el dolor y el sentimiento de culpabilidad de las personas más cercanas, ante la muerte de un ser querido, incontrolablemente puede también arrastrarles al suicidio. Y es que, para ese entorno íntimo del suicida, el dolor por la pérdida no pasa fácilmente; quizás se mitiga un poco o simplemente se aprende a vivir con él. A este respecto, me comentó hace bastantes años una amiga que había pasado por el trance de perder a un hermano, que es un proceso transformador del que se sale convertido en otra persona que ya no es la que se era y que, a veces, no se reconocía. Debe ser una experiencia horrible.

El suicidio se define como la muerte de un ser humano por un acto de violencia dirigido hacia uno mismo con la intención de morir. Por ello, siendo esto así, ¿cómo hacer para que se entienda como una opción natural y normal que una persona decida realizar una acción de esta suerte frente a un problema, una frustración, un dolor insoportable o alguna otra causa que desconocemos? Tal vez de ninguna manera, ya que en nuestra cultura occidental, por valores religiosos, normas sociales, impacto familiar y repercusión en la comunidad, el suicidio se rechaza sistemáticamente y no se contempla como una opción personal del individuo. Cuando en realidad, al final, no se trata de otra cosa que adelantar un suceso inevitable por un tiempo que, en el contexto temporal de la vida en la Tierra, es fantásticamente minúsculo. En contraste, en otras culturas, el suicidio se ve como algo natural, incluso noble u honroso. Y es que, en nuestra civilización judeocristiana y otras similares monoteístas tienen una paradoja; por un lado, mantienen la creencia de poder disfrutar tras la muerte, de una vida eterna y placentera en el más allá; pero, al mismo tiempo, los creyentes, se aferran a cada minuto de esta vida, aunque sea al coste de gran dolor, y quebranto anímico y hasta económico para los que se quedan.

Realmente, el suicidio es un tema muy complejo en el que interactúan múltiples factores de riesgo; por lo que es difícil comprenderlo. Sobre el particular, los psicólogos clínicos y los psiquiatras expertos en la salud mental dicen que la conducta suicida es dinámica y cambiante, lo que la hace difícil de predecir. No obstante, existen variados y determinados patrones de comportamiento que preceden a muchos intentos de suicidio. En este aspecto, a veces, las personas que sufren un proceso de depresión o fuerte angustia les parece que la vida no vale la pena y les cuesta luchar contra esa devastadora corriente destructiva. Y además, con frecuencia, lo van rumiando durante un tiempo porque el sufrimiento que padecen es horrible y se cuestionan si merece la pena el seguir vivos. Es como si se estuviesen torturando psíquicamente durante años de lucha para sacar fuerzas de donde no las tienen y, en consecuencia, quieren acabar con su existencia porque les resulta insoportable seguir viviendo. Otras veces, como indica el psicólogo y psicoterapeuta argentino-español Guillermo Miatello, después de sufrir lo indecible, la idea de suicidio les viene en unos instantes y, como si fueran robots, se preparan unos minutos y lo cometen. Asimismo, ocurren casos en que los suicidios son consumados bajo un estado de enajenamiento, en el que las personas, en el momento de cometer ese acto violento contra ellos mismos, no son conscientes de lo que hacen. Y también existen otros casos en que la decisión se toma fríamente, de forma natural y sin que exista trastorno mental alguno o brutal sufrimiento físico, como el célebre marino y escritor gallego, Ramón Sampedro que, aquejado de tetraplejía desde los 25 años, expresó reiteradamente su profundo deseo de morir, debido a su condición de vida, la cual consideraba indigna.

En conclusión, el suicidio es un problema de salud que nos concierne a todos y afecta directa y profundamente a quienes quedan atrás. Según la OMS, más de 800.000 personas se suicidan cada año en el mundo, con tal vez 20 veces ese número de intentos de suicidio. En España, las cifras oficiales del año 2023 ascienden a 3.952 personas. Es crucial por ello, promover y fomentar la desestigmatización de la salud mental, el diálogo abierto y el apoyo emocional para aquellos que sufren, así como para sus seres queridos. Solo a través de la comprensión y la empatía podremos mitigar el impacto devastador de estos dramas. Es hora de romper el silencio, buscar ayuda y construir una sociedad más compasiva y solidaria. En este sentido, el Ministerio de Sanidad tiene el teléfono de ayuda 024, disponible las 24 horas, todos los días de la semana. Juntos podemos prevenir estas tragedias y ofrecer un futuro más esperanzador a quienes lo necesitan.

El terror de los 'buscas' y 'walkie talkies' golpea el Líbano

Eran las tres y media de la tarde del pasado martes 17 de septiembre, cuando los "buscas" comenzaron a sonar simultáneamente. Algunos de sus propietarios estaban en casa, otros en el supermercado, en el trabajo, en la calle, paseando, o conduciendo coches o motocicletas. Después de unos segundos de pitidos que permitieron a algunos acercar el dispositivo a sus ojos para leer el mensaje, el aparato explotó. Al final del día, al menos una docena de personas habían fallecido y más de 2.700 heridos saturaron los hospitales en Líbano. Una verdadera barbarie y tragedia. Pero la operación terrorista cometida supuestamente por el ejército de Israel no finalizó ese día. Sino que, al siguiente, pese a la experiencia previa ejecutada sobre los "buscas", realizó un ataque aún más letal sobre los 'walkie talkies' que portaban los miembros de Hizbulá. Unos aparatos de comunicación que son casi tres veces más pesados que los buscapersonas que estallaron el día anterior y que, por eso, contenían una mayor cantidad de explosivo. Y, aunque las detonaciones no fueron tan generalizadas como con los "buscas", provocaron incendios mayores, ya que hasta calcinaron vehículos. Israel aún no ha confirmado ni desmentido su responsabilidad en el ataque, que ha sido uno de los que ha ocasionado un mayor número de víctimas mortales desde el comienzo de los enfrentamientos el 8 de octubre de 2023. Y, por otra parte, al menos oficiosamente, tampoco ha generado la condena de ningún país occidental. En este contexto, los dispositivos electrónicos que se accionaron para explotar los "buscapersonas" del martes y los "walkie talkies" del miércoles, fueron preparados por la Unidad 8200 dependiente de las Fuerzas de Defensa de Israel en colaboración con el Mossad, el Servicio de la Inteligencia israelí, según han confirmado fuentes de seguridad al *The New York Times*. Estos agentes habrían usado al menos tres empresas tapaderas para encubrir la operación, entre ellas, la húngara BAC Consulting que supuestamente distribuyó los dispositivos a Hizbulá bajo la firma de la empresa taiwanesa Gold Apollo.

Sin embargo, los citados hechos, sí han sido condenados rotundamente por la ONU que los ha calificado como una violación del Derecho Internacional Humanitario; ya que el uso de objetos civiles como armas explosivas está prohibido y constituye un crimen de guerra. Por su parte, muchos medios y analistas han descrito estos eventos como actos terroristas, porque su objetivo principal es generar miedo y caos en la población civil. A este respecto indico que, tal vez porque ya tengo cierta edad, no me sorprende casi nada el proceder del Estado de Israel. No obstante, estoy atónito y perplejo con el ataque terrorista efectuado contra el Líbano. Los "buscas" los llevaban miembros de Hizbulá, sí; pero también muchas personas y profesionales que no tienen absolutamente nada que ver con el partido político y grupo paramilitar musulmán chií libanés. Y, a pesar de ello, han hecho explotar casi tres mil aparatos en diferentes ubicaciones. Sin importarles que fueran personas las que reventaban o saltaban en pedazos por los aires al lado de sus hijos, esposas, padres, amigos o compañeros de trabajo. Y todo esto ocurría en los bazares y mercados de Líbano, en lugares públicos atestados de personas.

Un escalofrío nos atraviesa directamente el corazón al pensarlo, dejándonos sin aliento a cualquier individuo humanamente sensato. Y es que Israel ha convertido los sistemas de comunicación del enemigo en herramientas mortales para sus usuarios. Parece ciencia ficción y es sorprendente. Pero, a la vez, ingenuamente me pregunto si con el grado de sofisticación que Israel ha desarrollado para intervenir las comunicaciones de sus enemigos, no habría podido hacer lo mismo con los miembros de Hamás, que tienen todavía retenidos a un centenar de ciudadanos israelíes. Y otra cuestión que planteo, cómo es posible que esa secreta y fantástica Unidad 8200 del ejército de Israel que supuestamente ha realizado la planificación técnica y el desarrollo de los explosivos insertados en los dispositivos de los "buscas" y "walkie talkies" y la no menos extraordinaria y magnífica Agencia de Inteligencia del Mossad, no hubiesen previsto los acontecimientos del 7 de Octubre de 2023. O, tal vez, lo sabían y esperaban esa justificación para comenzar la guerra total contra Gaza con el objetivo de apoderarse de su territorio. En este sentido, tal vez, convendría no olvidar que el sionismo sigue defendiendo y en la práctica llevando a cabo su teoría del Gran Israel. Un *Lebensraum* o espacio vital que abarca las políticas y prácticas de colonización de territorios, como en su día realizaron en la Alemania nazi. Unos espacios que incluyen todas las tierras palestinas, más el sur del Líbano y algunas pequeñas partes de Siria, Jordania y Egipto. Y no cejarán en su empeño a menos que alguien los pare, pero… ¿quién? De momento, nadie. El Israel sionista de Netanyahu juega con el tiempo y los hechos consumados. Se percata que el 5 de noviembre debe tener terminada su misión, pues en esa fecha EE. UU. puede empezar a plantear objeciones, sea quien fuere el ganador de las elecciones. Hasta entonces, Netanyahu sabe bien que nadie le pondrá freno

Y una última pregunta dirigida al silencio del viento que nos lleva, ¿cuánto tiempo los ciudadanos del mundo permitiremos que nuestros dirigentes apoyen a un país terrorista que llama operaciones antiterroristas a sus actos de terror. El ataque terrorista de Hamas no justifica lo que estamos viendo en Gaza y ahora también en el Líbano. Y es que Israel es, en este momento, supuestamente un estado terrorista al que nadie se atreve a llamar por su nombre. Si alguna vez pensamos que sería imposible ver otro régimen tan cruel, inhumano y genocida como el de los nazis, es evidente que nos equivocamos.

Burla y desprecio por el Derecho Internacional Humanitario

El desprecio por el Derecho Internacional Humanitario deja cicatrices en nuestra conciencia colectiva. Según la organización Médicos Sin Fronteras, más de 880 trabajadores de la salud en Gaza han sido matados por el ejército de Israel desde que comenzó el conflicto y, al menos, 310 han sido detenidos desde octubre de 2023. De hecho, los últimos meses se han convertido en la contienda más mortífera en la historia de las Naciones Unidas con más de 150 miembros de su personal asesinados y 141 de sus instalaciones destruidas o dañadas. Ha habido desde el pasado 7 de octubre de 2023, casi 350 ataques contra instalaciones sanitarias de Gaza. Esto abarca y conlleva 24 hospitales diferentes que han sido bombardeados y destruidos por Israel. Más de un centenar de ambulancias han quedado fuera de servicio. El ejército de Israel ha arrestado a decenas de médicos de los que se desconoce su paradero. Entre ellos, el director del principal hospital Shifa de la ciudad de Gaza, Mohammed Abu Saleh Mia, que se encuentra bajo arresto israelí desde el pasado 22 de noviembre, sin cargos. Todo ello es fruto del impecable sentido de la democracia que tiene el Gobierno de Israel. Y es que Netanyahu y su Gobierno, con la excusa de la guerra, se burlan de la comunidad internacional y hacen caso omiso del Derecho Internacional Humanitario, un conjunto de normas que, por razones humanitarias, trata de limitar los medios y métodos de hacer la guerra, que determina los efectos de los conflictos armados y que protege a las personas que no participan en los combates. Y digo que se mofa de la comunidad internacional porque a lo largo del conflicto el ejército de Israel ha bombardeado El Hospital Pediátrico Al Nasser, el único Hospital Ocular de Gaza, el único Hospital de Salud Mental, el Centro y Hospital de Rehabilitación Waffa, el Hospital Infantil Al Jarreau ha sido atacado con fósforo blanco, práctica que está prohibida, el Hospital Sifha que era la mayor institución de atención médica en la Franja de Gaza, las dos Facultades de Medicina de Gaza, los convoyes de ambulancias de la Cruz Roja y un largo etc. Y todas estas acciones han tenido consecuencias devastadoras para la población civil, especialmente para los niños. De hecho, según informó el pasado 19 de septiembre el Comité sobre los Derechos del Niño de Naciones Unidas, desde que empezó la ofensiva israelí en Gaza, han fallecido más de 16.756 niños, un millón de ellos han sido trasladados, 21.000 están declarados desaparecidos, 20.000 han perdido a uno o ambos progenitores y 17.000 se hallan separados de sus familias o solos. Y otro tanto ha ocurrido con la prensa, ya que según la Federación Internacional de Periodistas, han muerto más de cien profesionales de medios palestinos, además de otros 16 que han sido heridos, cuatro desaparecidos y 25 arrestados, registrados por el Comité para la Protección de los Periodistas. Y, además, según datos de *Aid Worker Security Database*, han muerto en Gaza más de 196 trabajadores humanitarios, la mayoría empleados de Naciones Unidas.

Y es que nada escapa a los sistemáticos ataques que planifica y ordena efectuar el ministro de Defensa, Gantz, del Gobierno de Israel. Ni siquiera, los campos de refugiados se salvan de los asaltos y agresiones del ejército israelí en la Franja de Gaza. De facto, recientemente, en el campo de refugiados de Khan Yunis, en Masawi, donde una ONG británica había instalado un campamento de tiendas de campaña, uno de dichos ataques ha ocasionado por lo menos 40 muertos y 60 heridos. Era uno de los pocos lugares que aún se consideraba una "zona humanitaria" en la Franja. El ataque, la ha convertido en un arenal lleno de socavones que han alcanzado los 10 metros de profundidad y en los que han desaparecido de golpe familias enteras que han quedado atrapadas. La mayoría de las víctimas son mujeres y niños a los que todavía, los rescatistas, siguen buscando, palpando cada centímetro de esas laderas de arena, porque no tienen los equipos adecuados para excavar en esos enormes agujeros. Y todo ello bajo el argumento del Gobierno de Israel de que allí se escondía una importante célula del grupo terrorista Hamás. Una afirmación que la realidad ha desmentido.

Respecto a Cisjordania, la última intrusión del ejército de Israel, se ha saldado con 38 asesinados, han destruido con buldóceres viviendas, gran parte del pavimento y carreteras, cañerías de agua y demás infraestructuras civiles básicas Son ya 692 los palestinos muertos en Cisjordania desde el 7 de octubre, incluyendo 159 niños. A esto se le deben añadir aproximadamente 10.000 detenidos, muchos de ellos en régimen de detención administrativa. Además, no paran de anexionarse territorios de Cisjordania, con el beneplácito del Ministro de Finanzas Bezalel Smotrich, a cargo de comité de planificación de la administración civil, ya se han anexionado 23,7 km cuadrados y el número de asentamientos de colonos ha aumentado de 128 a más de 300. Y la violencia de los colonos hacia la población palestina también ha aumentado desde el 7 de octubre ante la pasividad de las fuerzas armadas y de los políticos que incluso la alientan, como el ministro de Seguridad Nacional Ben Gvir, que se encargó de repartir personalmente entre los colonos decenas de miles de rifles.

Desde mi punto de vista, el supuesto genocidio y crímenes de guerra que está realizando el Gobierno de Israel contra los palestinos, con el permiso de la comunidad Internacional, encabezada por ese fantasmagórico EE.UU, es absolutamente ignominioso. La hipocresía de Occidente con Israel no tiene límites y, además, estamos perdiendo cualquier autoridad moral y credibilidad democrática con la defensa sin fisuras del demencial Gobierno sionista que encabeza Netanyahu. Un Gobierno, que se permite insultar a quien está en contra de los actos de genocidio que presuntamente comete, tachándole de antisemita y cuyo ministro de Exteriores, Israel Katz, el pasado 9 de septiembre, en un claro acto de soberbia, se negó a recibir al jefe de la diplomacia europea Josep Borrel. En este contexto de guerra, tensiones diplomáticas y acusaciones graves, surge una pregunta inevitable. La pregunta es: ¿y ahora, qué?; pues, de momento, toca invadir el Líbano. Luego, ya veremos...

¡Qué mal lo hicimos!

Israel, en legítima defensa, arrasa ciudades de Gaza y asesina a más 42.000 palestinos a causa del ataque terrorista de Hamás del pasado 7 de octubre de 2023. Y además, basándose en ese mismo principio, bombardea e invade un país soberano como es Líbano, debido a que en el sur de su territorio se asienta el partido político y grupo paramilitar musulmán chií libanés Hizbulá. Y, por si esto fuera poco, en estos últimos días, la misión de Naciones Unidas en Líbano ha sufrido ya varios ataques del Ejército de Israel, llegando incluso a herir a varios "cascos azules" y realizar la incursión de un tanque en una de sus bases. Y todo ello con el beneplácito de los EE.UU y la ignominiosa pasividad de la UE y el mundo Occidental. Pues bien, si esto es así, por analogía, no cabe la menor duda de que España no supo luchar adecuadamente contra el terrorismo de ETA; puesto que, siguiendo el actual principio de "legítima defensa", es obvio que debería haber utilizado el ejército con todas sus consecuencias contra el País Vasco y Navarra, de donde eran oriundos los terroristas de ETA. Y no solamente eso, sino también, haber bombardeado e invadido el País Vasco Francés y otras regiones de Francia, así como ciudades de Bélgica, ya que era donde se refugiaban los etarras. ¡Qué mal lo hicimos! Sin embargo, en contraste, ellos lo hacen bien, pues Israel es el pueblo elegido de su Dios, como se dice en Isaías 43:1-25, así como en Jueces 20:2 y 2 Samuel 14:13, libros proféticos de las Escrituras hebreas y cristianas del Antiguo Testamento de la Biblia. Y así se acepta.

Recuerdos del Día de los Fieles Difuntos

Hemos conmemorado el Día de Todos los Santos y el Día de los Fieles Difuntos. Unas festividades que, como otras muchas celebraciones cristianas, encuentran sus raíces en antiguos rituales paganos. En este sentido, es conocido que los pueblos celtas organizaban su calendario comenzando con la festividad de *Samhain*, llamada también *Samonis*. Unas palabra que significan "fin del verano" en gaélico y que se celebraba el 1 de noviembre. Era, pues, una festividad que marcaba el final de la temporada de cosechas y el comienzo del invierno, considerado el "lado oscuro" del año. Durante la celebración del *Samhain*, se pensaba que el velo entre el reino de los vivos y el de los muertos se hacía más tenue, permitiendo que los espíritus de los ancestros volvieran a reunirse con sus seres queridos. Las hogueras y los rituales eran comunes, y se hacían ofrendas de comida y bebida para aplacar a los espíritus y asegurar la protección y la supervivencia durante el invierno. Años más tarde, concretamente en el 998 de nuestra era, San Odilón, abad del Monasterio de Cluny, en el sur de Francia, estableció el 2 de noviembre como el Día de los Fieles Difuntos dentro de la orden benedictina. Y el Papa Gregorio III adoptó esta tradición y la extendió a toda la cristiandad. Quedando así fijados tanto en Europa como en América, el día 1 de noviembre como Día de Todos los Santos y el día 2 Día de los Fieles

Difuntos. Día, este último, que se dedica al recuerdo de nuestros seres queridos con la visita a los cementerios, aunque cada país o región mantiene sus propias tradiciones específicas.

Sobre estos citados Días de Todos los Santos y de los Fieles Difuntos, conservo un lejano recuerdo de la calle del barrio de las Letras de Madrid en la que viví mis primeros años de vida. Y es que, llegadas estas fechas, aparecían en la aledaña Plaza de Santa Ana unos puestos de flores que eran como unas manchas festivas de color que contrastaban con la luz gris de llovizna que marcaba el otoño. No obstante, mi madre no las compraba, ni tampoco íbamos a ningún cementerio para poder depositarlas, pues nuestros seres queridos se encontraban muy lejos, en un viejo pueblo de Castilla.

En este contexto, años más tarde, en un anochecer adelantado y lluvioso del 2 de noviembre, me viene a la memoria aquellas velas que los frailes encendían a una determinada hora de la tarde, en el internado en el que estaba, para honrar a los muertos. Flotaban en una especie de tazón de aceite que nutría la llama. Las ponían en la capilla del colegio, en la sala de estudio, en el enorme comedor sobre una mesa, en un rincón del dormitorio colectivo junto al pedestal de la Virgen de la Inmaculada y hasta en algunos de los pasillos colgando de unas oscuras lámparas de hierro forjado. Aquellos rituales imprimían en mi imaginación, que acababa de finalizar la infancia y transitaba por la primera adolescencia, el misterio de los muertos.

La primera vez que fui a un cementerio para honrar a mis familiares fallecidos, tenía ya casi treinta años. Fue acompañando a mi madre a cumplir con este ritual al pueblo de sus ancestros, en donde vivía mi abuela. Una mujer ya octogenaria que a simple vista conservaba casi indemne el mismo aspecto con el que recordaba haberla conocido desde la niñez.

O, tal vez, con cambios menores, que yo no apreciaba, sobre todo porque en aquella época aún no había aprendido a fijarme bien en las personas reales, y menos aún en las que se quedaban atrás, detenidas y fieles en los mismos lugares en los que yo solamente había estado en algunas vacaciones de verano llegando de Marruecos.

Han pasado más de cuatro décadas desde aquel entonces treintañero y solamente he vuelto al cementerio del pueblo en tres o cuatro ocasiones, todas ellas, para dar sepultura a mis seres queridos muertos. Y eso, a la edad que tengo, me provoca una tristeza súbita, manchada de remordimiento. Y es que los muertos, aunque sean directos, se quedan rezagados en el tiempo. Un tiempo que transcurre mucho más lento que el de los vivos, quizá desalentado por esa fatiga que advertimos en ellos cuando alguna noche agitada los encontramos en un sueño.

Seguramente, porque la imaginación y la memoria, por sí solas, son demasiado insustanciales o volubles; necesitan un anclaje en las cosas concretas, en rituales, en lugares, en fechas establecidas de conmemoración. Mis padres, mi hermano, mi abuela materna y una muy querida prima carnal, junto con mis tíos, van conmigo siempre, en mis recuerdos. Y me gusta saber que sus tumbas, en ese viejo pueblo de Castilla, aunque no las visite, están siempre limpias gracias a la bondad y generosidad de una sobrina segunda y su marido, un familiar francés indirecto. Me entristece en el especial Día de los Difuntos, en el que se honra y recuerda a los seres queridos que han fallecido, no haberme desplazado hasta el cementerio del viejo pueblo, para, en su memoria, depositar unas flores en sus tumbas mientras guardo silencio mirando hacia el cielo. La distancia es larga y me voy haciendo viejo.

Siempre, desde muy niño, he tenido miedo a la muerte. Quizás, porque me encontré muy pronto con ella y, tal vez por eso, despertó en mí la consciencia de que durante nuestra vida caminamos acompañados de ella. Y es que la realidad de la muerte ha sido siempre una constante. De hecho, la filosofía comenzó con una reflexión sobre la diferencia entre mortalidad e inmortalidad. Y así seguimos, en la misma agonía y tesitura, cuestionándonos si verdaderamente merecemos la inmortalidad. No obstante, la cuestión fundamental que me planteo es si nosotros, como seres mortales, podemos conseguir algo durante nuestra vida que valga la pena transmitir a otra generación. Producir algo que sobreviva a nuestra vida. Pienso que de esta manera es como se enfrentan los filósofos a la cuestión de la mortalidad, poniendo la firma al final de un texto; pero yo no sé bien cómo hacerlo, pues no soy filósofo.

Crónica: El bombardeo del Liceo Escolar, 87 años de memoria

Era una de esas tardes grises, desapacibles, frescas y húmedas de mediados de otoño. El viento frío del Pirineo que soplaba levemente, no parecía presagiar la tragedia que acaecería en un breve espacio de tiempo. Aquel día, el Segre portaba un extraordinario caudal, tanto que estaba a punto de sobrepasar el muro de contención. La presión del agua era enorme y muchos viandantes se habían parado y hacían conjeturas sobre si podría o no soportar su empuje. Las dudas se disiparon rápidamente; con gran estruendo, la voluminosa potencia del agua lo derribó como si fuera un gigante abatido por las fuerzas de la naturaleza y una inmensa ola arrasó todo lo que encontraba a su paso. Aquel reventón del río fue solamente el preludio de lo que, un rato más tarde, sucedería. Y…, así llegó la tragedia. Eran las 15:40 horas del día 2 de noviembre de 1937, el Liceo Escolar, junto al mercado de Sant Lluís y los edificios circundantes, fueron destruidos. En aquel infame y perverso ataque fascista, en un instante, perdieron la vida medio centenar de alumnos y varios profesores del colegio. La población de Lleida que transitaba por las calles, aterrorizada y confusa, se refugiaba donde podía ante la masacre que se estaba produciendo. Y se quedó muda y perpleja, como los humanos nos quedamos a veces, mirando a los estudiantes y educadores que yacían en el suelo, esperando que se levantasen y volvieran a caminar en cualquier momento. Pero…, ellos, no volvieron.

"Tres cuarenta de la tarde. Se abrió el cielo y de pronto se hizo grande, arrojó fuego… Paseo, miro hacia donde estaba el Liceo. Rememoro la tragedia y, de nuevo, siento miedo. Recorro las calles de Blondel y alrededores esperando veros y no os encuentro. Os busco, compañeros, os llamo y desespero. Ya solo queda el recuerdo. Tres cuarenta de la tarde… Silencio"

Estos sucesos, mucho más largos y extensos, casi entre lágrimas, me los relató hace años, un día de otoño, mi suegro.

Hasta hace pocos años, se creyó firmemente que la Legión Cóndor fue la responsable de una de las masacres más crueles que sufrió la capital del Segriá. Sin embargo, una investigación de los periodistas Jordi Guardiola y José Carlos Miranda reveló que el terror fascista no provenía de Alemania, sino de la *Aviazione Legionaria Italiana*. Y además, parece ser, que fueron las condiciones meteorológicas las que decidieron el fatídico destino el 2 de noviembre de 1937. Entonces, casi como ahora con la Dana, fueron unas abundantes y pesadas nubes que había sobre la localidad de Flix, en Tarragona, las que determinaron el futuro de medio centenar de alumnos y varios profesores del Liceo Escolar de Lleida. Por lo que se conoce, inicialmente el objetivo de las fuerzas aéreas sublevadas era Flix, pero las citadas nubes llevaron a Lleida a ser el blanco de los bombardeos. No se sabe si fue una casualidad o un plan B premeditado. El hecho es que durante el ataque, parte del Liceo Escolar fue destruido, causando la muerte, como indico anteriormente, de cincuenta niños y algunos profesores. Y que el mismo bombardeo también impactó el Mercado de San Luis, donde muchas mujeres y niños perdieron la vida.

Ayer, 3 de noviembre, Lleida volvió a recordar estos hechos, una de las páginas más oscuras de su historia: el bombardeo del Liceo Escolar. La Paería, conmemoró el 87 aniversario del trágico suceso con un acto sencillo pero cargado de emotividad, en el que autoridades municipales y familiares de las víctimas se reunieron, una vez más, en la calle Blondel junto al monumento "Dignidad, Memoria y Vida" que homenajea a las víctimas y supervivientes del bombardeo, para recordar a los más de cincuenta alumnos y profesores que perdieron la vida aquel fatídico 2 de noviembre de 1937. El acto se abrió con una introducción histórica a cargo del historiador Oriol Bosch. Seguidamente, el regidor de Educación, Xavier Blanco, pronunció unas palabras en las que recordó el horror vivido aquel día, subrayando la importancia de mantener viva la memoria de este suceso para que tragedias como ésta no se repitan. A continuación la compañía de Teatre *La Màxima*, de la Fundación Privada Ilersis, bajo la dirección artística de Jaume Belló y Mireia Freixas, recreó los hechos sucedidos, acompañada por la alumna de viola del Conservatorio Municipal de Música de Lleida Laura Baraut, que interpretó *El cant dels ocells*. El Sr. Sampedro, uno de los escasos alumnos que continúa con vida, nos recordó a los asistentes el dolor y la injusticia de aquel día haciendo un emotivo llamamiento a la paz. Y cerró el acto el Sr. Alcalde, Félix Larrosa que, tras pronunciar unas emotivas palabras, realizó la ofrenda floral, conjuntamente con varios regidores y familiares en memoria de los alumnos y profesores fallecidos.

Un lienzo gris, manchado por la tragedia, se desplegó sobre Lleida aquel aciago otoño. El viento, como un susurro de fatalidad, anunciaba la tormenta que se cernía sobre la ciudad. El río, embravecido, rugía como un león enjaulado, presagiando el caos que se avecinaba. Y así, entre el cielo plomizo y la tierra anegada, la muerte sembró su terror, transformando un día cualquiera en un eterno lamento. Las bombas, como látigos de odio, azotaron la ciudad, dejando una estela de dolor y desolación. La inocencia de los niños, la sabiduría de los maestros, se apagaron en un instante, víctimas de una guerra cruel y despiadada. Lleida, marcada por la cicatriz de aquel día, ha decidido no olvidar. Con cada aniversario, la ciudad reafirma su compromiso con la paz y la justicia. El recuerdo de las víctimas nos obliga a construir un futuro donde la violencia no tenga cabida. Que la memoria de aquellos niños y profesores sea un faro que ilumine nuestro camino hacia una sociedad más justa y equitativa.

Netanyahu y el sueño bíblico del Gran Israel

"Recordad lo que Amalec os ha hecho, se nos ha ordenado". Este breve texto se cita en la Biblia, en el Antiguo Testamento. La referencia específica proviene del Primer Libro de Samuel, capítulo 15, versículo 3. El pasaje habla de la orden dada por Dios a Saúl a través del profeta Samuel para destruir completamente a los amalecitas, un pueblo considerado enemigo de Israel. La citada orden de referencia bíblica, textualmente dice: "Ahora id, atacad a Amalec y destruid todo lo que tienen, sin perdonar a nadie; matad a hombres y mujeres, niños y lactantes, bueyes y ovejas, camellos y asnos". Y esta referencia la realizó Benjamin Netanyahu en un discurso el 28 de octubre de 2023, como parte de su justificación para la ofensiva militar en Gaza contra Hamás, tras el ataque terrorista de dicha organización el 7 de octubre del mismo año; aunque históricamente los palestinos ni son descendientes, ni tienen nada que ver con los amalecitas. Creo que el hecho, habla por sí solo para comprender razonablemente bien la ofensiva y supuesto genocidio que el Gobierno sionista de Israel está cometiendo en Gaza.

Se preguntará ahora el lector ¿Y cuál es la justificación de Israel para atacar ahora Líbano? El objetivo de Israel en Líbano es, destruir el país. Destruir a sus principales líderes populares, Destruir infraestructura y su capacidad de defensa. Convertir al Líbano en un zombi y llevarlo al mismo estado de humillación y despojo de Gaza. Y es que los sueños húmedos en el horizonte mesiánico del Estado profundo de Israel, siguen siendo la tentadora idea del "Gran Israel" del rabino Menachem Mendel Schneerson, líder del movimiento Chabad-Lubavitch, que alentaba y decía antes de fallecer un 12 de junio de 1994 en Nueva York: "ante la perspectiva del nuevo orden mundial, se actuará urgentemente para el establecimiento de nuevas conquistas, ahora que no existen línea rojas para el estado de Israel". Y es lo que estamos viendo a través de la fuerza de los hechos. Un sueño territorial del "Gran Israel" que se refiere a la idea de que debería expandirse para incluir todos los territorios históricamente asociados con las antiguas tribus de Israel, según las descripciones bíblicas. En otras palabras, cumplir la promesa contenida en Génesis 15:18, donde Dios asegura a Abraham y sus descendientes una tierra que se extiende "desde el río de Egipto hasta el gran río, el Éufrates". Lo que incluiría áreas que hoy forman parte, además de Israel, de Jordania, Líbano, Siria, Egipto y posiblemente también de Arabia Saudita e Irak.

Y para ello, una vez arrasada, sepultada y conquistada Gaza por la fuerza de las bombas y la crueldad del ejército de Israel, cuyo máximo responsable es el Ministro de Defensa Yoav Galant, toca ahora Líbano, con la justificación de destruir al otro enemigo territorial que supone Hezbolá, una organización política y militar chií con sede en Líbano que fue fundada en 1985 con el apoyo de Irán y que está activa en la política libanesa desde entonces. No obstante, conviene aclarar que Hezbollah no existía antes de los sucesos en Sabrá y Chatila; unos hechos que ocurrieron entre el 16 y 18 de septiembre de 1982, durante la Guerra Civil Libanesa. Estos dos sucesos citados, fueron dos campos de refugiados palestinos en Beirut,

Líbano, donde se llevó a cabo una masacre de civiles palestinos y libaneses por milicias cristianas libanesas, principalmente la Falange Libanesa, con la colaboración y apoyo directo del Ejército de Defensa de Israel, que controlaba el área en ese momento. Se estima que entre 800 y 3.500 personas fueron asesinadas en esos ataques. La masacre fue condenada internacionalmente y se llevaron a cabo investigaciones sobre la responsabilidad de las fuerzas israelíes y sus aliados. El hecho es uno de esos eventos verdaderamente oscuros de la historia del que, por ser perpetrado por nuestros aliados, nunca más se supo...

En este contexto de actuación de Israel en el territorio de un país soberano como es Líbano, el Gobierno supuestamente genocida de Netanyahu, ha buscado como unos de sus más inmediatos objetivos el asesinato de Hassan Nasrallah. Un clérigo y político libanés que desempeñó el cargo de secretario general del partido político y cuerpo armado chií Hezbolá desde 1992 y que convirtió a dicha organización en una de las fuerzas paramilitares más poderosas de Medio Oriente, hasta su reciente asesinato en Beirut el 27 del pasado septiembre, tras un ataque aéreo israelí. Sin embargo, su muerte, no ha traído ni traerá la paz al Líbano, sino todo lo contrario, una escalada de tensiones. Ya que Hassan Nasrallah fue un líder carismático que no llegó a ser presidente del Líbano, porque la constitución del país lo impide. En ella, el Presidente tiene que ser obligatoriamente un cristiano maronita, el Primer Ministro un musulmán sunnita y el Presidente del Parlamento un musulmán chiita. Si las elecciones a Presidente de la República del Líbano hubiesen sido como en nuestros sistemas occidentales tradicionales, no cabe la menor duda de que Nasrallah habría sido Presidente del Gobierno de la República del Líbano, por una amplia mayoría y consenso entre la población. Y es que, durante el liderazgo de Hassan Nasrallah, la milicia de Hezbollah fue asumiendo responsabilidades de Estado, que el propio Estado de Líbano era incapaz de asumir; entre ellas, la seguridad de sus fronteras y la soberanía del país. Dado que, el ejército libanés, llegó a solicitar a Hezbollah que se desplegará en la frontera con Israel, después del conflicto de 2006. Y esta petición hecha realidad, dejó en papel mojado la Resolución 1701 del Consejo de Seguridad de las Naciones Unidas, efectuada por la destacada diplomática estadounidense Victoria Nuland, que fue adoptada en 2006 para poner fin a la guerra entre Israel y Hezbolá. Y entre cuyas disposiciones clave se encontraban las siguientes: El cese total de las hostilidades, la retirada de fuerzas israelíes, el despliegue de la UNIFIL, el desarme de grupos armados y el control gubernamental de todo el territorio del Líbano.Unas disposiciones que ninguna de ellas han cumplido ninguna de las partes en conflicto. Y así sigue la historia, Irán financiando a Hezbolá y los EE.UU, con la complicidad del Reino Unido, Francia y el conjunto de la UE, haciendo lo propio con Israel.

Ganó Trump, venció el populismo demagógico

Lo indescriptible, lo incomprensible, el miedo al abismo, ha ganado. Y lo ha logrado democráticamente gracias a la ignorancia, al fervor religioso de sus seguidores y la retórica incendiaria del odio. Ingredientes de la receta milagrosa, además de la lejía para curar el COVID, de Donald Trump, el nuevo salvador de la patria americana, la democracia y el mundo occidental. Y es que ese citado trinomio que lleva siglos utilizándose con enorme éxito en todo el mundo, ha sido también ahora inoculado como un virus ideológico a millones de personas de la sociedad americana, haciendo que muchos cerraran los ojos ante la realidad y abrazaran un discurso de odio y miedo. Solamente así, se puede entender que un personaje racista, sexista, fascista, mentiroso y casi viejo, pueda atraer a las gentes latinas, negras, asiáticas, mujeres, obreros con y sin cualificación, creyentes en la verdad y en la mentira y hasta a cientos de miles de jóvenes. Y creo que, únicamente de esta manera, es posible comprender que su atractivo y éxito como candidato a la Casa Blanca, haya cautivado también a la mayoría de los electores de raza blanca no hispana de ciudades y pueblos, a empleados de gasolineras, de supermercados, a abogados, jueces, escritores, periodistas y… hasta poetas que lo han aceptado y apoyado como referente para presidir los EE.UU, el todavía país más poderoso del planeta.

Esto conlleva a considerar que la sociedad de los EE.UU está enferma. Y no es de ahora. Los referentes sociales y políticos no son más que el espejo de la ignorante y distópica sociedad americana. Trump es la anécdota, solo el síntoma de estos turbulentos tiempos que vivimos y si no hubiera estado él, habría sido otro igual. De hecho, es una realidad aterradora que el país más poderoso del mundo esté retrocediendo de manera tan alarmante a unos niveles de deterioro ético y social nunca conocidos. Hasta el punto de que un supuesto desequilibrado,ególatra y supremacista, procesado y condenado, instigador del asalto al Capitolio desde el despacho oval de la Casa Blanca, volverá a detentar ese inmenso poder porque el sistema electoral de EE.UU es anacrónico y escasamente democrático, al igual que su entramado institucional. Y todo ello, ocurre en un país en el que hay más armas que población y en el que la hiperpolarización contempla al adversario como un enemigo. Un hecho incompatible con la democracia, propio de una sociedad enferma y violenta que ha puesto su futuro en manos de un supuesto psicópata, peligroso y mentiroso que puede llegar a convertirse en un tirano. Nos dice Platón en sus *Diálogos* que los demagogos son esclavos de la masa; es decir, sugería que eran prisioneros de la muchedumbre porque se dejaban llevar por las opiniones populares en lugar de buscar la verdad y el bien común. Y es a esa "masa enfurecida" a la que Trump busca, necesita, quiere y se dirige. La misma que le exige que le digan esas estupideces descomunales, esas mentiras tan clamorosas que es imposible que nadie con dos dedos de frente se las crea, excepto ella. Esta es la base social de los EE.UU, la que solo cree en las armas y en el dinero. Los republicanos se dieron cuenta y se aplicaron a darle gusto en todo. De ahí su triunfo electoral. Y lo peor de semejante individuo, encarnación de la maldad y del desprecio a los demás, es que logra que, de mi lado más oscuro y el de muchos ciudadanos, aflore una animadversión y antipatía cerval hacia todo lo que representa. Consiguiendo que aborrezcamos su egolatría, su xenofobia y su racismo. Despreciemos sus modos y sus actitudes machistas, su afán de destruir a quienes no adoran sus patrañas, sus mentiras. Odiemos su odio. Y nos aterre la animadversión que es capaz de suscitar su barbarie delirante, susceptible de llevar a su país a una nueva guerra civil.

Ha ganado Trump las elecciones, ha ganado su palabra y el populismo demagógico empleado como si fuera una nueva ideología. Un populismo en el que la propagación de la mentira dirigida hacia los ciudadanos más frágiles de la sociedad americana, ha sido su bandera. Y ha vencido porque ha tenido a su lado a Elon Musk, Jeff Bezos, Peter Thiel y tantos otros líderes tecnológicos de *Silicon Valley*. Y es que ellos disponen de la materia prima más deseada de nuestro tiempo: los datos. Por eso, cuando ellos han escogido el bando republicano, nos indicaban qué es lo que iba a ocurrir. Los demás éramos ciegos.

Su triunfo es la autodestrucción de los valores humanista que han construido nuestra civilización. Algo estamos haciendo mal en nuestras sociedades occidentales desarrolladas cuando no somos capaces de formar individuos con espíritu crítico frente a los charlatanes y demagogos, sean éstos de la tendencia política que sean. Y es que erradicar, prácticamente, la filosofía de la enseñanza, como se ha hecho, cuyo fundamento y base reside en la búsqueda de la verdad, el conocimiento y la profunda comprensión de la realidad, la esencia y la existencia, tiene sus consecuencias

Cuidar: un desafío invisible en nuestra individualista sociedad

El papel del cuidador, ya sea un familiar cercano o una persona externa a la familia, es fundamental y profundamente significativo. Cuidar a un ser querido con una discapacidad importante o a un anciano en sus últimos años de vida conlleva un enorme desgaste físico y emocional. La dedicación y el sacrificio requeridos no discriminan por lazos de sangre; lo que importa es la entrega y el amor con el que se realiza esta noble labor. Este rol implica enfrentarse diariamente a la fragilidad y el sufrimiento de alguien que al que se ama o atiende, y es un recordatorio constante de la vulnerabilidad humana, una tarea invaluable que no tiene precio. Y sin embargo, la sociedad, con frecuencia, a las personas ajenas a la familia que les atienden y que desarrollan esta ocupación tan esencial e intrínsecamente humana, les ningunea y no les reconoce ni su labor social ni el esfuerzo de su trabajo. Y, por otra parte, los que son padres o familiares directos que tienen que atender a hijos o a sus progenitores, generalmente no pueden conciliar su actividad familiar con un trabajo que les permita ejercer una profesión con dignidad. Ya que las jornadas laborales están diseñadas para personas que disponen de la mayor parte del día para ello y no para las que tienen que cuidar a otros, dependientes de ellos por razón de su edad y/o condición físico psíquica. Y es que, en nuestro país, encontrar un trabajo a tiempo parcial y con horario flexible es prácticamente tarea imposible.

Entiendo que es una realidad que nos pone frente al espejo de la clase de sociedad a la que hemos llegado. Y que cada día nos hace más individualistas y hedonistas, partidarios del todo aquí y ahora, y que no nos augura nada bueno y menos, frente a los problemas que la humanidad en su conjunto debe afrontar en un presente y futuro. En este sentido, es muy probable que cualquiera que no se haya visto sometido a esta situación, no pueda o se le haga muy difícil entender lo que conlleva. En el caso de familiares directos, desde la renuncia personal al puesto de trabajo que venía desarrollando, hasta la sensación de soledad, autocompasión o autoculpabilidad con la que afrontan convertirse en el cuidador de un hijo o familiar con determinada capacidad para pensar y compartir. Y es que no nacemos con el don innato de ser guías de almas jóvenes, ni guardianes de los días otoñales de nuestros ancianos. Como viajeros en la vasta extensión de la vida, aprendemos el arte de nutrir y cuidar a través del baile delicado del error y la ternura. En cada abrazo, en cada mirada, desciframos el enigma de ser faros en la oscuridad, maestros en el oficio de amar y velar, porque en el pulso del tiempo, se revelan los secretos del corazón humano.

Cuidar de los recién nacidos, de los débiles, enfermos y moribundos esta en el ADN del homo sapiens, y es una de las características que nos hace humanos. Es por ello, que convendría buscar la mejor forma de hacerlo, y las formas no son inmutables. Obviamente, no tiene que ser necesariamente una tarea familiar, ya que con el tipo de familias que estamos creando es muchas veces tarea imposible. Pero sí es nuestra obligación como sociedad respetar la dignidad del que necesita los cuidados y del que les cuida. Sobre todo, porque hay que aceptar que todos, más pronto o más tarde, iremos por el mismo camino, con mejor o peor fortuna. A este respecto, el próximo 14 de diciembre se cumplen 18 años de la Ley de Autonomía personal y Atención a la Dependencia, promulgada siendo Presidente del Gobierno José Luís Rodríguez Zapatero, que al día de hoy, aunque muy lentamente y quedando mucho por hacer, tiene reconocidos derechos a más de 1.500.000 personas. En este aspecto, el catálogo de prestaciones que contempla la ley es abundante, pero en la práctica resulta engañoso. Pues una cosa es la Ley y otra muy distinta su aplicación efectiva, con trámites administrativos farragosos y lentísimos y unas prestaciones económicas, tanto en ayudas directas a los dependientes como de apoyo a sus cuidadores, casi irrisorias.

El mundo sigue siendo ancho y variado fuera del estrecho calabozo en el que, a veces, viven los cuidadores, bien sean familiares directos o asalariados. El Estado, la sociedad entera, debería de tomar conciencia de la gran labor que realizan y ser, unos y otros, remunerados justamente. Los neurocientíficos y los filósofos se afanan en buscar la conciencia y dónde surge en el cerebro; se afanan en saber si en función de las áreas cerebrales hay una conciencia u otra. Pues bien, al margen de dónde se encuentre, lo que tenemos que reconocer es que está unida con la moral y la moral nos dice lo que está bien y lo que está mal en una sociedad bien organizada. En este sentido, creo que ni la nuestra ni la mundial, lo está debidamente. Y, por eso, mientras los grandes capitalistas siguen excesivamente "distraídos" en esas crueles e irracionales guerras, que cada día nos acercan más a la destrucción del Planeta, algunos multimillonarios investigan cómo lograr la inmortalidad de élite, pues resultan ser tan estúpidos que creen, como los faraones egipcios, que ellos salvarán sus riquezas para otra vida posterior o refugiándose en La Luna o en Marte. Y…, mientras tanto, los sistemas públicos sufren recortes, quienes cuidan caen en una desatención asfixiante y los ciudadanos permitimos la desregulación y el desamparo de cuidadores y ancianos y votamos alegremente recortes en Sanidad y Dependencia.

Trump y Silicon Valley: el nuevo orden mundial

Trump, confecciona su futuro gobierno. *Silicon Valley* ya manda y ejerce de guía desde la sombra, a partir del 20 de enero de 2025 lo hará sin necesidad de camuflarse y con muy pocos mecanismos de control. Son muy malas noticias para todos, pues los nuevos amos del mundo dan escalofríos. Este es el futuro democrático norteamericano que nos aguarda. Y es que el retorno de Trump, supuestamente, supone un cataclismo geopolítico que obliga a Europa a reaccionar con urgencia. Y para ello, nos dicen desde la UE que habrá que aumentar el gasto militar, fortalecer lazos con democracias afines, estimular el consumo interno y promover inversiones comunes. Sin embargo, este enfoque militarista, a mi modo ver, plantea serias dudas, ya que Europa, actualmente, supera en gasto militar a Rusia y se acerca al de China; por lo que más que una cuestión de fondos, entiendo que parece una crisis de coordinación y estrategia. Al mismo tiempo, el rechazo visceral hacia Trump simplifica su papel a un villano unidimensional, ignorando que el trumpismo es síntoma de un desorden global más profundo. Y es que hablamos de Mr. Trump, pero, en mi opinión, cada vez que se le cita, deberíamos sustituir "Trump" por "USA" y verán que el significado cambia. Pensar, o querer pensar, que una cosa es Trump y otra USA, conduce, creo, a una equivocación. En este aspecto, conviene no olvidar que Donald Trump recibió el apoyo de setenta y cinco millones y medio de votantes estadounidenses, una cifra irrefutable; tres millones más que su oponente Kamala Harris. Por ello, no es extraño que el futuro presidente de EE.UU, elegido democráticamente, actúe sin complejos. Es triste, pero es así.

USA es una nación tremenda y, a veces, escalofriante en sus actitudes y relación con sus aliados, falsamente embellecida por Hollywood y los medios de comunicación. En este contexto, cabría preguntarse por qué los europeos consideramos tradicionalmente a Rusia nuestro principal enemigo, cuando ni históricamente, ni por sus intereses económicos, ni por su capacidad militar, ya que también hay países europeos con arsenal nuclear propio, como Francia y Reino Unido, y otros que lo poseen al tener en su territorio bases de la OTAN. Por lo tanto, no hay razón alguna para considerarla un enemigo bélico estratégico. Sólo la lógica de la guerra, como fuel de la economía armamentística de los EE.UU y como argumento para reforzar su poder, es lo que conlleva y le impele a la búsqueda y creación de enemigos necesarios. A este respecto, es bien conocido, aunque no compartido, que la guerra de Ucrania podía haberse evitado, que fue una provocación mantenida en el tiempo por la OTAN hacia Rusia, un plan bien articulado por los intereses americanos para conducirla hasta la confrontación armamentística. Un objetivo decretado en su momento por los EE.UU a sus aliados de la UE. Y es que les urgía a separarnos de Rusia, ya que unidos a ella nos habríamos convertido en una potencia mundial económica y militar a su altura o a la de China. Y eso era algo que no les convenía, necesitaban vampirizar a Europa y saquearnos siempre que su máquina de fundir dólares y su hegemonía lo necesite, como ocurre ahora. Y es que su codicia y afán de poder global es tal que ni con todas las riquezas del mundo en sus manos estarán nunca satisfechos.

Ante esta situación que se nos vecina, pienso que deberíamos profundizar en la búsqueda de ideas para que Europa surque en buenas condiciones las "procelosas aguas" que nos esperan con gobernantes como Trump, Xi Jinping y Putin, así como con los retos ecológicos y de digitalización que tenemos por delante. Cómo hacer que nuestras fortalezas Europeas se incrementen y reducir nuestras debilidades para que no nos dañen y el resultado global sea positivo. Hay que pensar en estrategias que permitan tener éxito. En este sentido, parece que el debate político y público empieza por el informe Dragui, un buen referente que aboga por un salto cualitativo en inversiones comunes y el uso de eurobonos. Por otra parte, entiendo que además de realizar un enfoque eurocentrista, basado en realizar los "valores democráticos europeos", se deberían buscar también alianzas con algunos actores no occidentales como el recientemente alcanzado *Mercosur* con América Latina, India, o África. Dado que son los problemas estructurales los que impiden y seguirán impidiendo el progreso económico y social en Europa, y que abarcan desde la falta de cohesión política hasta la debilidad en innovación tecnológica frente a competidores globales. Soplan y se avecinan malos tiempos...

La Realidad bifurcada:
entre lo tangible y lo virtual

A veces, no sé muy bien porqué, al leer un artículo científico en la prensa, me siento atraído por quienes demuestran con una fórmula algo que funciona en la teoría, pero no en aquello que llamamos realidad. Tal vez sea porque a mi memoria llegan algunos recuerdos de cuando terminé el Preuniversitario y comencé a estudiar Químicas en la universidad, aunque al cabo de dos años, inicié otra cosa que, con el paso de los años, se transformó en mi cotidiana realidad y medio de vida. Y esa realidad que mi fascinada ignorancia de entonces no entendía, flota ahora dentro de mí algunas veces cuando escribo y construyo historias sobre algún acontecimiento ocurrido o vinculado a determinados conocimientos de reflexión y/o filosóficos.

Y este es el caso de la realidad, esa trama entretejida de sueños y materia, que se despliega ante nuestros ojos como un lienzo infinito. En sus recovecos se ocultan las verdades más profundas y los misterios más insondables. Camina de la mano de la ilusión, desafiando nuestras percepciones y a cada paso nos invita a explorar sus capas, a veces nítidas, otras veces difusas. Y como un espejo quebrado, va reflejando fragmentos de lo que es y de lo que podría ser, recordándonos que entre lo tangible y lo intangible, siempre existe un espacio para la maravilla y la contemplación. Sin embargo, la realidad, con las nuevas tecnologías, podría quedar para siempre atrapada en un bosque virtual donde todo sería, a la vez, real y ficticio, verdadero y falso, bueno y malo. Un entretenimiento fascinante y perverso, manejado con las manos, pero sin opción de regresar a la realidad tangible.

A este respeto y dadas las circunstancias actuales, creo que la realidad está cada vez más definida por el uso de las nuevas tecnologías. Nuestra relación con los demás y con el mundo pasa por ellas, y nos amoldamos sin chistar a su lógica perversa: la previsible muerte de la realidad habitual y cotidiana que conocimos Ahora, con la realidad tecnológica, nada permanece, todo es consumido de inmediato. No hay elaboración, reflexión, autonomía, tiempo. Tampoco queda apenas lugar para la memoria que tuvimos, la cual, en un contexto como éste, se convierte en algo casi potencialmente subversivo. Pues la memoria real, entendida en un sentido amplio, la que poseemos de nuestras familias, pero también la de los libros, las películas, las pinturas y, en general, la del arte, la cultura, el folclore y el pensamiento, alberga modos distintos de mirar y vivir que parece tiende desaparecer. Mientras que la tecnológica "Realidad Aumentada" ha dejado de ser una distopía, ya que Apple, hace casi un año, ha empezado la comercialización de las gafas *Vision Pro*, y ya se ve a personas abstraídas y concentradas en su mundo mientras se desplazan en el metro o atraviesan un paso de peatones. Una RA que, con la creación de avatares, parece que va a ser el próximo *hype* en cuanto a las expectativas generadas artificialmente alrededor de las personas o productos construidos a partir de la sobrevaloración de sus cualidades. En este contexto, según David Lindlbauer, profesor del Instituto de Interacción Humano-Computadora de la Universidad Carnegie Mellon (Pittsburgh, EE.UU), la RA nos brinda o brindará la oportunidad de mejorar nuestras vidas al permitirnos hacer cosas que pueden resultar difíciles, como comunicarnos con seres queridos que están lejos; compartir contenido de manera divertida; ser productivos, estar menos estresados, y/o aprender cosas nuevas más fácilmente.

No obstante, a pesar de ese supuesto mundo fascinante que nos presentan, la realidad clásica es terca y, después de tanto anhelar e imaginar la tecnológica, continúa apareciendo a diario en los informativos tras los cristales traslúcidos del coche en el que viaja para mostrarnos la real y casi enigmática naturaleza humana, trayéndola hasta nuestros ojos con los horrores de las guerras de Gaza, Ucrania o Siria alimentadas por el infinito afán del poder que alimenta el dinero. Y es que a esa realidad tradicional le pasa lo mismo que le ocurriría a Sigmund Freud, que le daría algo si tuviera que formular su famosa tesis sobre el principio de placer y el principio de realidad, que, según el afamado neurólogo austriaco, rigen el funcionamiento mental, dado que la ancestral realidad común es algo cada vez más resbaladizo. Pues, redondeando la paradoja, lo cierto es, creo yo, que hoy día, junto a personas muy brillantes, coexiste y se topa uno cada vez más con un borreguismo creciente que considerándose muy especiales, libres e individualistas, se mueven en realidad en masa y sin criterio propio por raíles infinitos en los que pescan los Trump, Bolsonaro, Orban, Abascal y hasta Alvise.

Decía Goethe que toda la teoría está en la realidad y que no hay que buscarla fuera. Tal vez opinara así, porque lo más difícil de aceptar es probar que la realidad es una mentira.

Solsticio de Invierno:
el susurro de la noche más larga

Cuando el Sol se rinde y el mundo se envuelve en un manto de quietud, el solsticio de invierno se desliza, discreto, por la bóveda celeste. En la noche más larga, la Tierra susurra secretos antiguos, arrullada por el crujido de las ramas desnudas y el canto lejano del viento. Los días se acortan y el frío se instala como un huésped duradero, mientras las sombras se alargan y las luces de la ciudad resplandecen con la promesa que trae la alegre Navidad. Es una pausa, un suspiro de la naturaleza, un instante de reflexión entre el bullicio de los días que se fueron y los días que vendrán. Y es que, en el solsticio de invierno la Tierra, en su danza cósmica, alcanza su punto más cercano al abismo. Y el Sol, tímido y esquivo, se oculta tras un velo de sombras, regalándonos la noche más larga del año. Es el comienzo del invierno que con su hábito, unas veces gris y otras blanco, envuelve a todos con un gélido abrazo.

Y al caer la noche más larga, aparecen las primeras estrellas como joyas dispersas, y en su compañía nos invitan a que miremos al cielo e intentemos comprender ante la infinitud del cosmos, nuestra insignificancia. Tal vez es por ello, que el solsticio de invierno nos induce a mirar hacia adentro, a descubrir en la penumbra las llamas y voces de nuestro interior. Y es que, en este solsticio de invierno, la oscuridad es más que ausencia de luz. Es un útero cósmico donde germinan las esperanzas, donde se gestan los sueños. El momento de reconectar con nuestra esencia más profunda. De agradecer lo vivido y de abrirnos a lo que está por venir. El 21 de diciembre comienza un tiempo nuevo para celebrar la sabiduría que trae la oscuridad, la serenidad que otorgan las prolongadas noches. Cuando el invierno envuelve el mundo en un abrazo gélido en el que el viento susurra melodías antiguas entre las ramas desnudas, mientras los copos de nieve, como plumas blancas, caen del cielo y cubren la tierra con un manto de silencio. Y el aire, cargado de la esencia de la madera, crepita en las chimeneas, invitándonos a la introspección. Es en este momento de quietud, cuando la naturaleza nos susurra al oído que la vida es un ciclo eterno de muerte y renacimiento. Y es en esta fecha del año, cuando el día es más corto y la noche más larga, cuando cada hoja caída y cada aliento helado, guarda en su esencia la promesa de la luz que, inexorablemente, comienza a regresar.

Y es que, a partir de este día, no todo es quietud. Comienza el invierno y de las profundidades de la naturaleza, surge un latido sutil, casi imperceptible que anuncia un nuevo amanecer. Las semillas, dormidas bajo la tierra, sueñan con la caricia de la primavera, mientras los árboles, desnudos y silenciosos, acumulan fuerzas para renacer. Y nosotros, seres humanos, conectados a los ritmos de la Tierra, empezamos también a sentir esa misma ansia de renovación. A partir de este ciclo, si la nieve se decide a cubrir el suelo, se recreará en una envoltura de pureza, en un lienzo en blanco que quedará en espera de que lleguen las primeras huellas de la primavera. Y con cada nueva aurora, el Sol que se aproxima ganará fuerza, alargando los días y llenando de vida a los seres vivos. El invierno es un maestro que nos enseña la importancia de la paciencia, de la resiliencia. Nos recuerda que después de cada noche, llega un nuevo día, más luminoso y esperanzador. Y así como la naturaleza se renueva cíclicamente, nosotros también tenemos la oportunidad de hacerlo. El solsticio de invierno es una llamada a la transformación, a dejar atrás lo que ya no nos sirve y a abrazar lo nuevo. Es el momento de cultivar la esperanza y de celebrar la nueva vida que surgirá en todas sus formas.

En el solsticio de invierno, un letargo cósmico envuelve la Tierra con un abrigo de silencio y con su belleza austera y su majestuosa calma, nos recuerda que la rueda del tiempo nunca se detiene. Un instante eterno donde lo frío y lo cálido, lo oscuro y lo luminoso, se entrelazan en un delicado equilibrio. La naturaleza, en su sabiduría ancestral, se retira hacia adentro, como una semilla que guarda en su interior la promesa de la primavera.

Así pues, como escribió Albert Camus en su obra *Retorno a Tipasa*, un relato lírico incluido en el libro El verano, publicado en 1954: "En medio del invierno, aprendí por fin que había en mí un verano invencible". Dejémonos envolver por su misterio y su magia, y en cada latido, recordemos que, incluso en los momentos más oscuros, la luz siempre volverá a renacer.